화술

▮ 스피치 핸드북

파울 크리거 · 한스-위르겐 한첼 지음 | 백미숙 옮김 | 값 14,800원

성공하는 사람들의 파워 스피치는 끊임없는 훈련의 결과다

이 책은 스피치에 대한 이론과 실제를 겸비한 작품으로 성공을 이끄는 효과적인 대화술, 시너지 효과를 높이는 회의 방법, 청중을 사로잡는 연설 구성 방법, 효과적인 의사 소통 방법을 찾아내고, 연설에 대한 흥미를 불러일으키도록 구성되었다. 친구나 직장 동료와의 의사소통, 대학 입시와 입사 시험에서의 논술과 면접, 학교나 직장에서의 프레젠테이션과 세미나, 발표 및 연설을 위한 '21세기 바람직한 말하기 훈련'을 위한 책이다.

▮ 리더스 보이스

보이드 클라크 외 지음 | 나상억 · 조계연 옮김 | 값 12,000원

성공한 리더의 커뮤니케이션은 뭔가 다르다!

표현력

▮ 프레젠테이션의 성공 법칙

다니구치 마사카즈 지음 | 나상억 옮김 | 값 9,000원

성공하는 비즈니스맨을 위한 프레젠테이션 불변의 법칙

눈에 보이는 물리적 실체를 대상으로 해온 20세기의 물리마케팅 시대의 성공 법칙들은 눈에 보이지 않는 심리를 대상으로 하는 21세기 심리 마케팅 시대에는 통용되지 않는다. 이 책은 21세기 심리 마케팅의 시대에 성공하고자 하는 프레젠터들에게 열정과 상상력, 컨셉과 전략의 중요성을 일깨워주고 다양한 프레젠테이션의 성공 법칙을 간결하고 알기 쉽게 제안하고 있는 점에서 가치가 돋보인다.

커뮤니케이션

▮ GE처럼 커뮤니케이션하라

심재우 지음 | 값 12,000원

커뮤니케이션은 비즈니스 전체를 꿰뚫는 신경망이다

이 책은 세계적인 CEO이자 GE의 전회장인 잭 웰치의 비즈니스 사례를 대상으로 그가 어떻게 효과적으로 커뮤니케이션함으로써 상대를 설득시켰으며, 어떤 방식으로 커뮤니케이션 스킬을 활용했는가에 대해 GE의 사례와 함께 노하우를 구체적으로 소개한다. 아울러 비즈니스의 성공 여부를 결정하는 핵심 요소로서 '질문의 기술'과 '설득의 기술'에 관한 방법과 도구를 제시하고, 이해와 체득을 위하여 설득적인 제안서 작성에 대한 방법과 노하우도 알려준다.

▌ 맥킨지 문제 해결의 기술

오마에 겐이치 · 사이토 겐이치 지음 | 김영철 옮김 | 값 15,000원

로지컬 씽킹은 생각의 조건이고, 문제 해결력은 행동의 조건이다.

이 책은 세계적인 컨설팅 그룹인 맥킨지의 인재 육성 프로그램을 바탕으로 하고 있을 뿐만 아니라, 20~30대의 평범한 비즈니스맨들을 세계적인 기업의 글로벌 인재들과 어깨를 견줄 수 있는 인재로 만들기 위한 셀프 트레이닝 스킬 핸드북이다. 문제 해결은 문제를 발견하고 문제의 해결책을 찾아서 실행에 옮기는 과정을 통해서 실현된다. 따라서 최종적으로는 실행 가능한 해결 방안을 찾는 것이 핵심적인 요소이고, 실행 가능한 해결 방안을 찾기 위해서 가장 중요한 출발점이 본질적인 문제를 발견하는 일이다. 이 책은 본질적인 문제를 찾아내어 올바른 해결 방안을 도출하기 위한 스킬을 지극히 구체적인 수준에서 연마하는 방법을 알려준다.

▌ 문제 해결을 위한 퍼실리테이션의 기술

호리 기미토시 지음 | 현창혁 옮김 | 15,000원

퍼실리테이션은 사람과 사람 사이의 상호작용을 촉진시켜 창조적인 성과를 끌어내는 행위이다

'조직의 파워를 끌어내어 최상의 문제 해결로 이끌어가기 위해서는 어떻게 해야 하는가?'에 대한 해답으로 퍼실리테이션 스킬을 제시한다. 퍼실리테이션을 주도하는 퍼실리테이터가 '프로세스 디자인, 프로세스 매니지먼트, 갈등 관리'의 3가지 스킬을 통해 구성원의 아이디어를 끌어내어 창의적인 문제 해결이 가능하도록 Team Builder, Process Cheker, Scriber, Time Keeper, Presenter의 역할을 수행하는 과정을 보여줌으로써 독자들이 미래형 핵심 인재로 성장할 수 있도록 안내한다.

▌ 문제 해결력 트레이닝

나라이 안 지음 | 김영철 옮김 | 값 12,000원

포지티브한 사고와 논리적 문제 해결력을 키운다!

이 책은 긍정적인 사고와 논리적 문제 해결력의 배양을 목표로 출간한 것으로 비즈니스맨들이 문제 해결 기술을 이해하고 습득하는 데 필요한 핵심을 정리하여 설명하고 있다. 지은이는 비즈니스나 일상생활의 다양한 장면에서 신속하게 문제를 발견하고 재빠르고 확실하게 효율적인 대책을 생각해 내는 힘을 문제 해결력이라 말하며, 기업이나 개인이 당면하는 문제를 효과적으로 해결할 수 있는 능력을 키울 수 있도록 다양한 문제해결의 기술과 방법을 구체적인 사례와 함께 제시한다.

▌ 모티베이션 컴퍼니

오자사 요시히사 지음 | 조병린 · 나상억 옮김 | 값 14,000원

모티베이션이 기업의 운명을 결정한다!

이 책은 '동기 부여, 모티베이션의 활성화'라는 키워드로 접근함으로써 직장인들의 반란이 기업의 경쟁력을 훼손시킬 것이라는 우려를 불식시키고, 변화된 기업 환경 속에서 기업의 모티베이션을 어떻게 활성화하고 관리할 것인가에 대한 고민과 해답을 제시한다.

▌ 록펠러식 경영습관 마스터하기

버네 하니시 지음 | 서경호 옮김 | 값 12,000원

회사의 가치를 높이려면 록펠러식으로 경영하라!

이 책은 기업가 정신을 유지하면서 어떻게 기업 성장에 있어 눈에 보이지 않는 한계를 깨뜨리고 프로페셔널한 기업으로 성장할 것인가를 제시하는 실제적인 지침서다.

▌ 피터 드러커식 전략 경영의 법칙

기무라 다케시 지음 | 윤정원 옮김 | 값 16,000원

드러커식 전략 경영 발상법으로 비즈니스 모델을 창조하라

이 책은 현대 경영학의 거장 피터 드러커의 경영론을 바탕으로 경영 전략을 수립하기 위한 9가지 지침을 제공한다. 실제 기업을 경영하고 있는 저자가 일본을 대표하는 최고 경영자 10인과의 인터뷰를 통해 기업 경영의 실전 노하우를 소개하는 것은 물론, 10년의 장기 불황 속에서 기적을 일구어 낸 경영자들의 놀라운 성공 비화가 숨김없이 공개된다. 저자는 이 책에서 피터 드러커의 9가지 법칙을 전제로 전략 경영의 핵심은 비즈니스 모델이 아니라 경영자의 강력한 집념에서 나온다는 것을 강조한다.

▌ 일할 맛 나는 경영 경쟁력 있는 회사

오자사 요시히사 지음 | 현창혁 옮김 | 값 10,000원

인재 경영이 기업의 경쟁력을 좌우한다!

▌ 경영학 100년의 사상

미야타 야하치로우 지음 | 김영철 옮김 | 값 23,000원

세계 최고의 경영자 · 경영학자의 사상을 통해 배우는 21세기 신경영전략

▌ 시장과 고객을 사로잡는 프로세스 매니지먼트

다카나시 토모히로 · 이사오 최종옥 옮김 | 값 8,500원

고객을 만족시키는 업무&경영 혁신 프로세스를 구축하라

▌로지컬 커뮤니케이션 트레이닝

와타나베 파코 지음 | 허명구 옮김 | 값 12,000원

논리적으로 알기 쉽고, 정확하게 자신의 의사를 전달하라!

기획력

▌기획의 교과서

오치 마사토 지음 | 윤정원 옮김 | 값 11,000원

기획의 개념을 확실하게 잡아주는 기획의 기본서

이 책은 비즈니스에 관한 한 업무 기획부터 엔터테인먼트 기획에 이르기까지 기획의 개념에 접근하는 방법과 발상의 구체적인 노하우, 그리고 기획 회의를 진행하는 요령 등 기획에 관한 모든 것을 5개 부분으로 나누어 설명한다. TV 프로듀서 출신의 저자가 밝히는 독특한 방식의 기획 접근법과 발상법, 다양한 사례와 분석, 페이지의 앞과 뒤 이곳저곳을 동시에 사고해야 하는 편집 방식은 당신이 목표로 하고 있는 최고의 기획으로 안내한다.

설득과 협상

▌전략적 협상력

히라하라 유미 · 간온지 잇코 지음 | 현창혁 옮김 | 값 14,000원

NO도 YES로 바꾸는 협상 프로페셔널 스킬

협상이란 '2인 이상의 당사자가 서로 다른 입장에서 출발하여 합의점에 이르기까지의 프로세스'를 의미한다. NO를 듣고 나서야 시작되어 서로가 YES라고 말할 수 있는 조건에 이르기까지 지속되는 프로세스이며 협상은 단순한 일회성의 승부가 아닌 지속적인 비즈니스를 위한 하나의 전략이다. 이 책은 협상의 프로세스를 체계화하고 실전 테스트를 거칠 수 있는 가이드북으로서 개인과 중소기업, 대기업의 전략적 거래의 테크닉과 협상의 기술을 제시한다.

삶의 자세&습관

▌3색 습관혁명

윤치영 지음 | 값 10,000원

삶을 지배하는 변화의 핵심은 습관이다

행복한 삶을 만드는 지상 최대의 성공을 위해 저자는 3색의 습관을 이야기한다. 먹는 것에 기초한 식인성, 삶의 배경 환경성, 마음의 편안함 심인성 세 가지의 습관을 바꾸어 삶의 질을 높일 수 있다는 것이다. 삶을 풍요롭게 만드는 이 세 가지의 습관 변화를 위해 저자는 여러 가지 조언과 예시, 방법론을 제시하며 독자를 진정한 성공의 길로 인도한다.

▌살아있는 마케팅 심리학

시게타 슈지 지음 | 방규철 옮김 | 값 9,800원

소비자의 마음을 움직이는 마케팅 심리학의 메커니즘,
이 책은 영업이나 영업 기획, 판매직에서 활동하는 마케팅 담당자라면 반드시 알아두어야 할 마케팅의 심리 테크닉을 다양하게 정리하여 판매의 의사결정 심리 프로세스를 빠른 시간 내에 습득할 수 있다. '왜 구입하게 되는 것일까?'에 대해서 여러 가지 사례를 중심으로 심리학이 어떻게 이용되고 있는가를 정리하고 있다.

▌일류기업은 어떤 방식으로 인재를 뽑을까?

John Kador 지음 | 심태호 외 옮김 | 값 18,000원

브레인티저는 문제 해결력을 테스트하는 가장 강력한 인터뷰 방법이다!
이 책은 취업 인터뷰에서 자주 접하게 되는 브레인티저(Brainteaser) 인터뷰에 체계적으로 대처하는 것을 목적으로 한다. 이미 발행되어 있는 서적이나 웹사이트 등을 통해 브레인티저나 인터뷰에 대비하기 위한 정보들을 쉽게 접할 수 있지만, 이 책은 브레인티저와 비즈니스 케이스에 초점을 맞추어 유형(직종)별로 정리하고 해답을 제시함으로써 케이스와 브레인티저 인터뷰에 자신감 있게 대비할 수 있도록 도와준다.

▌회사 앞으로 어떻게 될 것인가?

이와이 가쓰히토 지음 | 김영철 옮김 | 값 13,000원

살아 움직이는 인간형 회사로 변신하라!
'차이성'이라는 키워드를 중심으로 자본주의의 본질을 파헤치고, 앞으로 전개될 회사의 모습을 논의한 매우 함축적이고 알기 쉬운 책이다. 더불어 산업 구조의 대전환기에 개별 기업이 생존하기 위해서는 어떠한 방향으로 회사 구조와 시스템을 만들어야 하는지, 또한 현재의 불황과 산업 구조의 급격한 변화를 초래하고 있는 3가지 핵심 원인은 무엇인가를 규명한다.

▌중국의 미래를 읽는다

서울신문 특별 취재팀 지음 | 값 13,000원

팍스 시니카(Pax Sinica)의 시대는 과연 올 것인가?
이 책은 정치·경제·사회·문화·교육 뿐만 아니라 과학과 국제 관계까지의 실상을 종합적인 시각으로 전달한다는 목적으로 중국사회과학원과 공동으로 '차이나 리포트'를 기획한 결과물이다. 이 책은 한 분야에 편중된 분석을 보이는 관련 도서와 달리, 정치·사회·경제는 물론 역사와 문화, 교육까지 전 분야에 걸쳐 한국과 중국의 전문가들로 하여금 심층 분석하게 함으로써 중국의 현재를 객관적으로 진단하고 미래를 예측하게 하는 전문가적 시각과 실생활이 적절하게 조화를 이루었으며, 오늘의 중국을 진단하고 내일의 중국을 조망하는데 실질적인 도움이 될 것이다.

▌사장 · CEO의 철칙

시미즈 류에이 지음 | 김영철 옮김 | 405쪽 | 값 20,000원

실전에 강한 사장 · CEO가 갖추어야 할 경영의 철칙

일본 경영학의 산 중인이라 할 수 있는 저자가 35년 동안 직접 현장의 경영자들을 만나면서 인터뷰한 내용과 자신이 각종 조사를 통해 수집한 자료를 바탕으로 정리한 실전 경영학 지침서로서 가히 사장학의 바이블이라 할 수 있다. 이 책의 목적은 급변하는 시대적 경영 환경 속에서 경영자에게 무엇이 진정으로 중요하고, 무엇이 중요하지 않은가를 '사장이 반드시 지켜야 할 철칙'으로서 제시하고 있다는 것이며, 경영자가 지켜야 할 '경영의 철칙'을 알고 있는가 알고 못한가에 따라서 기업의 성장과 생존을 좌우하게 된다는 사실을 다양한 사례와 인터뷰를 통해서 알려준다.

▌사장 · CEO의 자세

다나카 요진 지음 | 김영철 옮김 | 376쪽 | 값 20,000원

경영 이념과 원칙을 실천하는 사장 · CEO의 행동 지침서

이 책은 50여 년간 경영 컨설턴트로서 활동한 필자의 경험을 바탕으로 사장 · CEO가 익혀두어야 할 실무를 정리한 일종의 사장학 지침서라고 할 수 있다. 이 책에서 저자는 한 기업을 경영하는 최고 경영자라고 해서 실무에 무관심한 채 경기 동향, 전망, 사업 구상 등 큰 그림만 그리려다가는 경영에 실패할 수 있다는 점에 주의할 것을 주문하고 있다. 경영 전략의 구상도 중요하지만 경영 실무의 흐름을 꿰고 사장으로서 처리해야 할 업무를 착실하게 처리하는 것만으로도 안정적인 기업 경영이 가능하므로 경영 관리 전반에 걸쳐서 실무를 익히고 실천하는 사장의 자세야말로 기업을 성장시키는 밑거름이 된다는 점을 사례 중심으로 알기 쉽게 설명하면서 행동 원칙을 제시하고 있다.

▌오너 사장학

무타 가쿠 지음 | 김영철 옮김 | 336쪽 | 값 20,000원

오너 사장을 위해 경영 원칙과 실무를 정리한 지침서

오너 사장에게 필요한 경영 철학과 기업을 성장시키기 위한 전략과 전술, 경영 원칙, 미래형 사업의 구축 전략, 그리고 사업의 계승 방법을 총 망라하였다. 오너 사장의 위치는 그 능력과 역할에 따라 기업 경영의 핵심이 될 수 있다. 이 책은 오너십을 바탕으로 기업의 장기적인 성장을 위한 4가지 시스템 - 이념, 전략, 전술, 목표 - 을 제안한다. 이러한 4가지 체계를 나누어 생각함으로써 변화된 현실에 적응할 수 있는 새로운 대응 방법을 찾아내어 실천하고 계승해야 한다는 것이다. 또한 사장으로서의 야망과 인생 계획, 운세, 인간성, 가족관, 인생관, 예술관과 미의식 등 오너 사장이 갖추어야할 덕목들을 제시하고 있다.

▐ 로지컬 씽킹
테루야 하나코 · 오카다 게이코 지음 | 김영철 옮김 | 값 12,000원

맥킨지식 논리적 사고로 대화하라!
톰 피터스는 맥킨지를 '세계 최강의 지식 상인'이라고 언급한 바 있다. 세계 최고의 인재들을 스카웃하고, 또한 최고의 인재로 키워내는 맥킨지에서 훈련된 인재들은 전세계 각계 각층에서 눈부신 활동을 하고 있다. 이 책은 현재 맥킨지에서 일하고 있는 현직 커뮤니케이션 에디터가 컨설팅 경험과 맥킨지의 인재 양성을 위한 훈련 과정 매뉴얼을 바탕으로 비즈니스맨들뿐만 아니라 일반인 · 학생들에게도 필수적인 논리 구조와 실전 커뮤니케이션 업무 기술을 실제로 직접 익힐 수 있도록 했다.

▐ 전략 구상력 트레이닝
미야타 야하치로우 지음 | 김영철 옮김 | 값 12,800원

성공한 기업의 전략 구상력을 배우는 셀프 트레이닝북
성공한 기업엔 반드시 누군가의 전략 구상이 있었다. 사업을 시작할 때 고객이 누구인지 구체적으로 떠올릴 수 있다면 성공 가능성이 높다. 왜냐하면 고객의 니즈에 구체적인 대응이 가능하고 실천 가능성에 대한 판단이 정확해지기 때문이다. 조직의 최고층(top), 중간층(middle), 하부층(low)에 관계없이 모든 기업인들이 배워야 할 전략에 대한 스킬과 마인드를 체계화한 셀프 트레이닝 지침서이다.

▐ 전략사고 컴플리트북
가와세 마고토 지음 | 현창혁 옮김 | 값 16,000원

전략적 사고로 비즈니스의 부가가치를 높이자!
이 책은 저자가 실시하고 있는 차세대 경영 간부 육성 과정에서 '전략적 사고' 과목의 강의와 수강생들의 연습 내용을 정리한 경영 전략서이다. 필자의 강의를 통해서 제시한 수많은 전략 사고의 과제들, 수강생들의 수많은 시행착오가 반복되면서 축적된 답안을 바탕으로 구성되었으며 독자 스스로 전략적 사고를 위한 단계별 훈련을 활용할 수 있도록 연습문제와 각종 도구를 제공한다.

▐ 논리 트레이닝
노야 시게키 지음 | 서혜영 옮김 | 값 10,000원

학생과 비즈니스맨에게 꼭 필요한 논리, 논술 실전 트레이닝 교과서

▐ 논리 트레이닝 101제
노야 시게키 지음 | 서혜영 옮김 | 값 10,000원

실생활에서 요구되는 논리력을 101가지 문제로 구성한 트레이닝 교과서

2 0 0 5
도 서 목 록

일빛과 함께 하는 경제 · 경영서

도서출판 일빛에서는 글로벌 경제 체제라는 국제화의 흐름 속에서 지식 경영 시대에 대처할 수 있는 방법론과 실천적 전술서를 출간하고 있습니다. 앞으로 기업과 개인의 생존 전략을 소개하는 것은 물론, 비즈니스 실용서를 지속적으로 출간할 계획이며, 독자 여러분에게 필요한 책으로 다가갈 수 있도록 노력하고 있습니다.

서울시 마포구 서교동 339-4 가나빌딩 2층 TEL 02)3142-1703~5   e-mail: ilbit@unitel.co.kr   일빛

개인과 회사를
강하게 만드는
36가지 핵심

개인과 회사를
강하게 만드는
36가지 핵심

가와세 마코토 지음 | **현창혁** 옮김

개인과 회사를 강하게 만드는
36가지 핵심

펴낸곳 도서출판 일빛
펴낸이 이성우
지은이 가와세 마코토
옮긴이 현창혁

등록일 1990년 4월 6일
등록번호 제10-1424호

초판 인쇄일 2005년 9월 15일
초판 발행일 2005년 9월 20일

주소 121-837 서울시 마포구 서교동 339-4 가나빌딩 2층
전화 02) 3142-1703~5 팩스 02) 3142-1706
E-mail ilbit@unitel.co.kr

값 10,000원
ISBN 89-5645-090-0 (03320)

최근 몇 년 사이에 기업을 둘러싼 환경이 크게 변하고 있다. 실업과 구조조정 등의 어두운 면을 극복하고 기업과 경제가 점차 활기를 찾아가고 있다. 벤처나 기업의 재건에 있어서 새로운 형태의 비즈니스가 시도되는 등 강력한 변화를 모색하고 있다.

또한 샐러리맨의 본질도 예전과는 많이 달라질 것으로 예상된다. 대기업에 입사하면 평생 동안 안심하고 일할 수 있었던 시절로 되돌아갈 것 같지가 않기 때문이다. 당신 주변에도 자신의 가치를 높이기 위해 영어 학원이나 경영대학원에 다니는 사람이 있을 것이다. 당신 또한 그런 계획을 가지고 있을 수도 있다.

그러나 회사원의 가치는 영어를 구사할 수 있다거나 혹은 경영 사례를 연구·분석할 수 있다는 것만으로 자신의 가치를 높일 수 있는 것은 아니다. 비즈니스맨의 가치란 어디까지나 조직과 사회에 대한 기여, 즉 '업무를 통해서 회사가 발전할 수 있도록 만드는 능력'에 있다. 이렇게 할 수 있는 사람만이 '능력 있는 사람'이며 '시장 가치가 높은 사람'이라고 할 수 있다. 그리고 업무를 통해서 회사의 성장에 기여하기 위해서는 반드시 알아두어야 할 몇 가지 '포인트'가 있다. 이 책에서는 비즈니스의 기본으로서 알아두어야 할 '36가지의 포인트'를 소개하고 있다.

이제 막 직장 생활을 시작한 사람이라면 비즈니스 인생에서 언젠가는 이러한 포인트를 활용해야 할 일이 생길 것이다. 그렇다면 처음부터 이러한 포인트를 알아두는 편이 훨씬 효율적일 것이다.

또한 경험도 풍부하고 업무에 자신이 있는 사람이라면, 여기서 다시 한 번 업무에 대한 자신의 실력을 점검해 보는 것은 어떨까? 그렇게 하여 자신의 능력이 어느 정도인가를 알게 된다면 앞으로 어떤 부분을 더욱 향상시켜 나가야 하는가를 알게 될 것이다.

당신이 앞으로도 계속해서 같은 회사에 근무하게 될 것인가는 알 수 없다. 설사 같은 회사에서 근무한다고 해도 지금과 다른 업무를 수행하거나, 다른 회사 혹은 NPO(민간 비영리 단체) 등에서 일하게 될 상황이 올 수도 있다. 더 나아가 직접 회사를 창업하게 될 수도 있다. 하지만 당신이 앞으로 수십 년 동안 계속해서 일을 하게 될 것이라는 점은 분명한 사실이다.

따라서 어차피 일을 해야 한다면 설레는 마음으로 할 수 있는 일, 자기 자신의 능력을 마음껏 발휘할 수 있는 일을 하고 싶을 것이다.

이때 여기서 제시하고 있는 포인트를 익혀두면 더욱 즐겁게 일할 수 있다. 어떤 조직에서든 가치 있고 보람 있는 일은 일 잘하는 사람에게 돌아가기 때문이다.

　이 책에는 일 잘하는 사람의 지혜가 가득 채워져 있다. 또한 이 책은 당신이 일 잘하는 비즈니스맨으로 성장하여 스스로 만족할 수 있는 일을 할 수 있도록 하는 데에 최적의 안내서가 되어 줄 것이다.

가와세 마코토

▌차례

비즈니스의 '포인트'를 알아두자

'성장의 시대'에서 '성숙의 시대'로

먼저 [도표 1]을 살펴보도록 하자. 도표는 우리나라의 인구 변동과 경제에 관한 현재까지의 궤적과 장래를 예측한 것이다. 거품이 붕괴되기는 했으나 우리나라는 2005년 전후까지 반세기 이상 계속된 장기간 성장의 시대를 걸어왔다. 그러나 2005년 전후를 전환점으로 인구와 경제 규모가 점차 줄어드는 성숙의 시대로 들어서게 되었다.

지금까지 일본이라는 국가는 기업은 물론이고 교육이나 연금을 포함한 모든 사회 제도를 서구 선진국을 따라잡기(catch up) 위한 시스템으로 최적화 해왔다. 그 결과 2차 대전 패전 후 매우 어려웠던 가난한 국가에서 세계에서 가장 부유한 국가의 하나로 성장할 수 있었다. 그러나 풍요로운 사회가 된 오늘날 '따라하기(catch up)' 방식은 그 사명을 다했다. 낡은 시스템에 의존하는 것은 사회의 왜곡을 더욱 심화시킬 뿐이다.

앞으로 한층 더 본격화 될 성숙의 시대에는 사회와 비즈니스의 양면에서 성장의 시대와는 다른 새로운 시스템이 필요하다. 성숙의

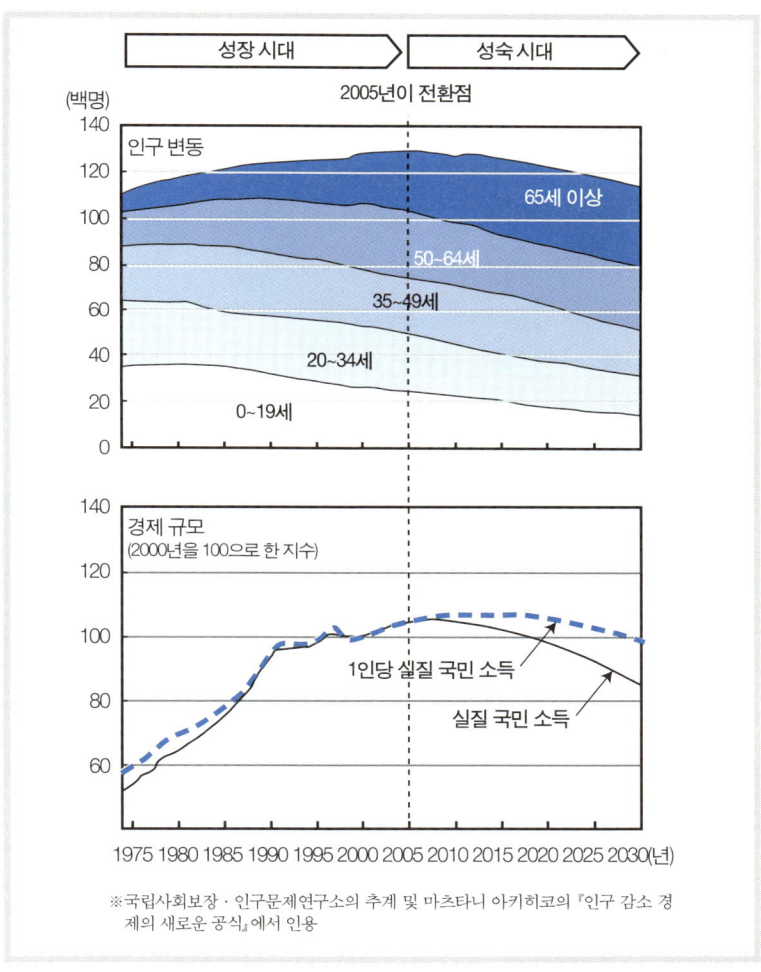

[도표 1] 성장의 시대에서 성숙의 시대로

성장 시대 〉 성숙 시대 〉

2005년이 전환점

(백명)

인구 변동

65세 이상

50~64세

35~49세

20~34세

0~19세

경제 규모
(2000년을 100으로 한 지수)

1인당 실질 국민 소득

실질 국민 소득

1975 1980 1985 1990 1995 2000 2005 2010 2015 2020 2025 2030(년)

※국립사회보장 · 인구문제연구소의 추계 및 마츠타니 아키히코의 『인구 감소 경
제의 새로운 공식』에서 인용

시대를 쇠퇴의 시대가 아닌 풍요로운 수확의 시대로 만들기 위해서
는 성장 시스템을 구축해 온 선배들의 지혜와 경험을 배우는 한편
으로 새로운 사회와 비즈니스 시스템을 구축해야 하는 것이다.

문제 해결 능력을 기르자

새로운 비즈니스와 새로운 사회 구조의 틀을 구축하기 위해서 기초가 되는 것이 바로 문제 해결 능력이다. 문제 해결 능력이란 문제의 본질적 원인이 어디에 있는가를 파악함으로써 최선의 해결책을 찾아내고 실행하는 능력을 말한다. 이와 같은 문제 해결 능력이야말로 사회를 발전시키는 힘, 조직 발전에 기여하는 힘이라고 할 수 있다.

그런데 문제 해결 능력의 기초가 되는 것이 바로 '전략사고'이다. 전략사고는 우뇌의 상상력과 발상력을 살리고, 좌뇌에서 빈틈없이 논리를 조립해 나가는 사고의 OS(operating system)라고 할 수 있는 도구이다.

필자도 본업을 영위하는 한편으로, 간혹 전략사고를 강의해 달라는 연수 의뢰를 받곤 한다. 전략사고라는 도구를 몸에 익히기 위해서는 많은 훈련이 필요하지만, 일단 전략사고를 활용할 수 있게 되면 좌뇌의 논리가 체계적으로 작동하게 된다. 그리고 실제로 많은 사람들이 방치해 두고 있는 우뇌의 상상력도 눈에 띄게 활성화된다. 이러한 전략사고의 힘을 수강자들이 실감할 수 있도록 하는 것은 필자의 작은 즐거움이기도 하다.

알아두어야 할 '비즈니스의 포인트'란?

비즈니스의 포인트를 익혔다고 하더라도 그 효과가 기대에 미치지 못하는 부분도 있었다. 처음에는 수강자들이 전략사고라는 도구를 손에 넣기만 하면 자력으로 비즈니스 과제를 척척 해결할 수 있을 것으로 생각한다.

그러나 분명히 논리는 날카로워지고 발상력도 풍부해졌지만, 여전히 초점에서 벗어난 곳에서 열심히 해결책을 찾으려는 사람들이 많았던 것이다. 그런 모습을 보면서 필자는 "그곳에서는 아무런 해결책도 찾을 수 없으니, 이렇게 시도해 보는 게 좋을 것입니다"라는 생각을 하게 되는 경우도 많았다.

문제해결 능력을 익히기 위해서는 전략사고라는 도구와 함께 '어디를 짚고 넘어가야 하는가?'도 함께 익히도록 할 필요가 있었던 것이다.

비즈니스를 창출하여 운영하고, 성장시켜서 이익을 남기기 위해서는 반드시 알아두어야 할 포인트가 있다. 여기서의 포인트는 업종이나 회사의 규모와는 상관없이 거의 동일하다고 할 수 있다.

그러나 이러한 포인트들은 경영학 교과서의 요점을 정리한 것과는 다르다. 경영학 교과서는 이른바 해부학이나 생리학과 같은 교과서에 불과하다. 소양으로서 갖추고 있기에는 좋지만, 피곤할 때나 감기에 걸렸을 때에는 실질적인 도움을 주지 못한다. 실생활에서는 해부학보다는 '피곤하면 다리의 삼리혈에 뜸을 놓는다'와 같은 지식이 더 유용하다. 비즈니스의 포인트란 경영학의 이론으로서가 아니라, 현실 속의 비즈니스에 유익해야 한다.

현장에서의 실무 경험을 쌓아감에 따라 당신은 업무와 관련된 포인트를 터득하게 된다. 법인 영업의 포인트, 경리 업무의 포인트, 시스템 개발의 포인트 등과 같은 것들이다. 이러한 것들은 교과서 속의 논리와는 상관없이 '이런 문제는 이 부분을 짚어주면 잘 된다' 라는 식의 실용적인 지혜이다. 계속해서 경험을 쌓다보면 대인 관계의 포인트, 프레젠테이션의 포인트, 협상의 포인트와 같은 종합적인 실무에서의 포인트를 터득하게 될 것이다.

그런데 비즈니스 연수에서 강의를 하다보면 회사 전체를 강하게 만드는 포인트를 아는 것이 얼마나 힘든가를 실감하게 된다. 경험이 부족한 젊은 사람은 어쩔 수 없다고 하자. 그러나 경험이 풍부한 중견 회사원조차도 자신이 지금까지의 경험으로 알고 있는 포인트를 만능 해결책으로 사용하려 한다. 또한 다른 분야의 문제에 대해서는 상상력의 범위를 넘어선 것으로 여겨 전혀 신경을 쓰지 않는 경향이 있다. 그 중에는 '비즈니스의 포인트라고 해 봐야 그저 열심히 하면 된다' 라는 식으로 착각하고 있는 사람들도 많다. 경영학 서적을 열심히 읽는 사람들은 간혹 날카롭게 파고들기도 하지만, 현실적인 해결책인 포인트에는 도달하지 못한다.

솔직히 말해서 여러분은 뛰어난 사람들이다. 포인트의 실체를 조금만 가르쳐주면 "확실히 그렇군요"라며 즉시 이해할 것이다. 단지 여러분에게 부족한 것은 체험의 기회가 적다는 것뿐이다.

그러나 회사 전체를 발전시키는 포인트는 아무리 경험을 쌓아도 완성된 시스템 상에서는 좀처럼 찾아낼 수 없다. 스스로 비즈니스의 새로운 틀을 직접 만들어서 운영하고, 성장시켜서 이익을 남기는 경험을 해야만 비로소 알게 된다. 그러나 기업 내에서 이러한 실제 경험을 할 수 있는 사람들은 소수의 행운아들뿐이다.

물론 비즈니스의 포인트를 거의 본능적으로 파악하여 행동하는 일 잘하는 사람도 가끔은 찾아볼 수 있다. 필자 역시도 그런 사람을 만나면 그들의 능력에 감탄한다. 그러나 그들이 스스로 부딪치며 찾아내어 터득한 포인트를 정리하여 여러분에게 가르쳐 주기를 기대한다면 그것은 비현실적인 바램이다.

그러므로 이 책을 유용하게 활용하기 바란다. 이 책은 개인과 회사를 강하게 만들 수 있는 포인트를 모두 36가지로 정리했다. 당신이 이러한 포인트를 파악하여 자기 것으로 만든다면 당신도 '일 잘하는 사람'으로 성장할 것이다.

비즈니스를 강하게 만드는 4개의 급소

인체의 급소, 즉 경혈은 수백 개에 이른다. 이들 하나 하나를 전부 파악한다는 것은 매우 힘들다. 그러나 경혈은 머리에서 손, 발끝까지 연결된 '경락'이라는 기(氣)가 흐르는 선을 따라 늘어서 있다. 그래서 경락의 흐름을 따라 경혈을 파악해 나가는 것이다.

마찬가지로 비즈니스의 포인트 역시 '4개의 경락 = 사고의 흐름'에 따라 이루어져 있으며, 이 흐름을 따라서 포인트를 터득해 나가면 된다.

① 새의 눈으로 관찰하는 경락 = 경쟁의 전략사고

최초의 경락은 높은 곳에서 시장 전체, 즉 당신이 근무하는 회사와 경쟁사를 관찰(전망)해 보는 경락이다.

비즈니스를 하는 이상, 당신의 회사는 시장 안에서 경쟁을 할 수밖에 없다. 따라서 가장 먼저 시장의 전체적인 구조를 파악하고, 그안에서 회사의 위치를 결정해야 하는 것이다. 이것이 '경쟁전략(전략적 포지셔닝)'의 경락이다. 성숙의 시대에 시장에서 어떻게 경쟁해야 할 것인가를 결정하기 위해서는 먼저 거시적인 관점에서 시장 전체를 조망해 보아야 하는 것이다.

②벌레의 눈으로 관찰하는 경락 = 마케팅의 전략사고

다음 경락은 한 사람 한 사람의 고객을 옆에서 바라보는 마케팅의 경락이다. 당신이 근무하고 있는 회사는 '고객으로부터 지지를 받는 것'이 무엇보다 중요하다. 고객이 만족해야 비로소 회사가 존속하고 성장하는 것이다. 따라서 고객을 얼마만큼 만족시켜 주느냐가 마케팅인 것이다. 성숙의 시대에서는 고객을 만족시키는 마케팅이 더욱 중요하다. 먼 곳에서 시장을 조망해 보았다면, 그 다음에는 옆에 서서 각각의 고객을 세밀하게 바라보는 마케팅 경락을 파악해야 한다.

③동료를 바라보는 경락 = 비즈니스 모델의 전략사고

세 번째 경락은 자사와 거래하고 있는 동료(비즈니스 파트너)를 바라보는 시각, 즉 '비즈니스 모델'의 경락이다.

아무리 작은 회사라도 원자재 구입처, 매출처, 판매 대리점 등 비즈니스를 함께 하는 파트너가 있다. 그러한 파트너 관계에서 상호 간에 무엇을 제공하고, 무엇을 제공받을 것인가 하는 것이 비즈니스 모델이다. 이익을 내는 시스템이라고 해도 좋다. 성숙의 시대에서는 동료 모두를 행복하게 해 줄 수 있는 새로운 비즈니스 모델을 만드는 포인트를 터득해야 한다.

④ 자신을 돌아보는 경락 = 조직의 전략사고

마지막 네 번째 경락은 자기 자신을 돌아보는 시각, 즉 자사 '조직'의 경락이다.

시장과 고객을 이해한 후에 파트너와 약속을 했다면, 그 다음은 행동과 실행이 있을 뿐이다. 그런데 자신의 몸을 움직이는(자신이 속한 회사의 조직을 움직이는) 것이 가장 어렵다. 성장의 시대와 성숙의 시대는 조직을 움직이는 원리가 다르기 때문이다. 성숙의 시대에는 조직을 움직이는 포인트를 확실하게 알아두어야 한다.

이상의 4가지 경락은 '시장 → 고객 → 동료 → 자기 자신'으로 시각의 대상이 밖에서 안으로 옮겨가는 것이다. 이러한 경락의 순서대로 포인트를 터득해 나간다면 어디에 문제가 있고, 무엇을 해야 하는가를 자연스럽게 알 수 있을 것이다.

경혈의 효능

경혈을 눌러서 효과가 있는 경우는 감기에 걸렸거나 피로할 때, 또는 간장이나 신장 등의 만성병, 기운이 떨어져 병으로 진행되기 전이다. 만성병이나 병으로 진행되기 전에는 좀처럼 병에 걸린 사실을 깨닫기 힘들다. 그러나 '이 정도쯤이야' 라거나 '괜찮을 것이다' 라고 생각해서 방치해 두면 언젠가는 돌이키기 힘든 상황을 초래하게 된다. '이상하다' 라는 느낌이 들면 조기에 경혈을 눌러 주는 게 좋다.

실제 비즈니스에서도 마찬가지다. 경혈을 눌러주면 효과를 볼 수 있는 비즈니스의 증상은 다음과 같은 만성 질병이다.

- 겨울에 걸린 감기가 잘 낫지 않는다.
  → 경쟁 환경의 변화에 제대로 대응하지 못하고 있다.
- 눈이 잘 안보이고 귀도 잘 안 들리게 되었다.
  → 고객을 파악하지 못하고 있다.
- 내장 기능이 저하되었다.
  → 비즈니스 모델이 제대로 기능하지 못하고 있다.
- 활기가 없고 항상 피곤하다.
  → 조직이 활성화되지 못하고 있다.

따라서 신속하게 경혈을 찾아내어(문제를 찾아내어), 치료(해결)함으로써 당신의 회사가 건강을 회복하여 강하고 튼튼해지기를 바란다.

앞으로 설명하게 될 1장부터 4장에서는 전자 의료기기 제조업체인 '쓰보타'의 전략을 사례연구의 과제로 하여, 앞서 언급한 '① ~ ④'에 해당하는 전략사고의 경락을 설명하도록 한다. 각 장에서는 '상황'이라는 부제에 상사와 부하직원의 대화를 제시한다. 이어서 '강의'라는 부제를 통해서는 각 전략사고의 기본이 되는 사고방식을 설명한다. 그리고 마지막으로 36가지의 실천적인 비즈니스의 '포인트'를 소개하는 것으로 구성되어 있다.

한편 독자 여러분이 흥미롭게 느낄만한 에피소드 등도 '칼럼'을 통하여 중간 중간에 삽입해 두었다.

1장

새의 눈으로 시장을 관찰하는
경쟁 전략

- 자신만의 강점을 찾아라

1

상황 ① :
쓰보타 의료기기 사업부 기획실에서

    이곳은 쓰보타의 의료기기 사업부다. 사업부의 기획실에서 밤늦게까지 고쓰보 주임과 그의 상사인 다이쓰보 실장이 진지한 분위기에서 무언가를 논의하고 있다.

[무대] 주식회사 쓰보타

    연매출액은 50억 엔, 120여 명의 사원이 근무하고 있는 중견 전자기기 제조업체로서, 최근 회사가 자랑하는 센서 기술을 활용하여 의료기기 사업에 진출했다. 의료기기 사업부는 각종 검사 장치를 제조하여 판매하고 있다. 주력 상품은 혈액 등을 분석하는 다목적 분석기다. 5년 전에 사업부로 독립했으며 이번 회기부터는 흑자 전환을 목표로 하고 있다.

[등장 인물]

    ●고쓰보 주임(31세) : 입사 10년 차로 기술 부서에서 발탁되어 올해 기획실로 배치되었으며 의욕이 넘친다. 생산 관리와 기술 영업의 경험도 있으며, 아직 젊지만 넓은 시야로 회사를 보는 관점도 갖고 있다. 어제부

터 본사가 주최하는 경영 전략 연수 프로그램에 참가하고 있다.

● 다이쓰보 기획실장(46세) : 의료기기 사업의 경영 기획을 담당하고 있다. 날카롭게 문제점을 파악하여 정확하게 지시함으로써, 상사와 부하 모두에게 두터운 신임을 얻고 있다. 한편 자기 자신도 돌아볼 줄 아는 중간 관리자이다.

쓰보타의 경쟁 상대는 어느 회사일까?

다이쓰보 실장 : "고쓰보 주임! 그러고 보니 어제는 경영 전략 연수가 시작된 첫날이더군. 참석한 소감은 어때? 도움이 될 것 같아?"

고쓰보 주임 : "아! 네, 재미있었습니다. 주제는 경쟁 전략이었습니다. 역시 비즈니스는 경쟁이 중요하다는 생각이 들었습니다. 도중에 호출을 받아서 모두 들을 수 없었던 게 유감이었습니다."

다이쓰보 실장 : "그래 경쟁 전략이 필요하지. 음, 그렇군! 고쓰보 주임은 쓰보타의 경쟁 상대가 누구라고 생각하나?"

고쓰보 주임 : "실장님! 당연한 질문 아닌가요? 쓰보타의 경쟁자는 업계 최고인 야스이 메디칼이 아닐까요?"

다이쓰보 실장 : "물론 동종업계에서 찾는다면 당연히 야스이 메디칼이지! 그러나 그것뿐일까? 과연 병원에서 혈액을 분석할 때 쓰보타의 쓰보테크 분석계와 야스이 사의 분석계, 이렇게 양자택일로만 생각할까?"

고쓰보 주임 : "실장님 말씀을 듣고 보니 기술 영업을 하던 당시,

최초의 장벽은 병원에서 외주로 처리하던 혈액 검사를 자체에서 해결하려고 시도하던 것이었어요. 그렇게 본다면 검사 대행업체인 '다이코 서비스'도 쓰보타의 경쟁 상대라고 볼 수 있죠!"

다이쓰보 실장 : "그렇지! 그리고 야스이 메디컬의 입장에서 보면 우리 회사는 업계에 진출한지 얼마 안 되는 신참이지. 또 이 업계에 새롭게 진출할 회사도 있겠지?"

고쓰보 주임 : "그렇군요! DNA 센서 기술을 보유한 '센사기연(千差技硏)' 등도 장기적으로 보면 경쟁 상대가 될 수 있겠네요!"

쓰보타의 강점과 경쟁 장소는?

다이쓰보 실장 : "생각해 보니 우리 회사 주변에는 온통 경쟁 상대들 뿐이로군! 우리는 어떤 방식으로 경쟁에 맞서야 할까?"

고쓰보 주임 : "쓰보타의 센서 기술은 상당히 뛰어납니다만, 생산 비용 경쟁력이나 판매력에서는 아직 야스이 메디컬에 밀립니다. 따라서 먼저 비용 절감에 주력해야 하지 않을까요? 개발부의 기술자를 생산 관리 담당으로 이동시킬 필요도 있다고 생각합니다."

다이쓰보 실장 : "음, 그럴까? 지금의 우리로서는 야스이 메디컬 정도의 비용 절감은 어려울 거야! 게다가 개발 인력을 빼내서 기술력까지 약화된다면, 쓰보타의 강점마저 잃어버릴 수 있지 않을까?"

고쓰보 주임 : "그럴 수도 있지만, 실장님! 야스이 메디컬에서는 또 다시 저가형 모델을 출시할 계획이라고 합니다. 이대로 간다면 가격 경쟁에서 도저히 야스이 메디컬과 경쟁할 수 없게 될지도 모

릅니다."

다이쓰보 실장 : "하지만 서두른다고 해결되는 것은 아니지. 자동차나 가전 제품 등의 예를 보더라도 싸다고 해서 무조건 잘 팔리는 것은 아니니까!"

고쓰보 주임 : "분명히 냉정하게 생각해 보면 가격만이 결정적인 요인은 아니죠. 성능이나 양질의 서비스로 경쟁하는 편이 우리 회사의 강점을 살릴 수 있을 테니까요!"

시장은 어디를 향하고 있는가?

고쓰보 주임 : "사원 모두가 열심히 노력하고 있기 때문에 우리 회사의 비즈니스는 앞으로 몇 년 동안 최고의 성장 기회를 맞이할 것으로 생각합니다."

다이쓰보 실장 : "그렇다고 할 수 있지. 하지만(쓴웃음을 지으며) 우리 회사뿐만 아니라 야스이 메디컬도 성장하고 있다는 것을 알아야 해!

고쓰보 주임 : "그렇군요! 시장 전체가 성장하고 있으니까요. 시장 전체의 성장률보다 쓰보타의 성장률이 더 높지 않다면 우리가 더 열심히 일한 덕분이라 말할 수 없겠군요. 그런데 왜 시장이 성장하는 거죠? 그리고 앞으로도 시장은 계속 성장할까요?"

다이쓰보 실장 : "음, 고쓰보 주임이라면 어디서부터 조사해 보겠나?"

고쓰보 주임 : "먼저 주요 이용자인 56세 이상의 인구 추이를 파

악해 보는 게 좋을 것 같습니다. 준비한 자료를 살펴보겠습니다. 음, 시장은 더욱 커질 것 같습니다. 자료에 따르면 앞으로 10년 정도는 시장이 확대될 것으로 보입니다(15페이지의 [도표 1]을 참조. 2005년부터 2015년까지 10년 동안 65세 이상의 인구는 약 30% 증가).

　다이쓰보 실장 : "그렇군! 특히 시장이 본격적으로 기동될 지금부터 몇 년 사이에 점유율을 얼마나 확보하느냐가 향후 우리 회사의 운명을 좌우하게 될 것이라는 사실을 잘 알 수 있겠어!"

　고쓰보 주임 : "하지만 그 후에는 시장의 성장이 멈추게 될 가능성이 크겠군요!"

　다이쓰보 실장 : "자네는 걱정을 사서 하는군! 성장이 언제까지나 계속되지 않을 것이라는 사실은 이 수치를 봐도 알 수 있어. 그렇기 때문에 다음 세대를 위한 성장의 씨앗을 지금 뿌려두지 않으면 안 되는 것이지. 주력 상품의 시장이 축소되었다고 해서 시장이 정체되어 실적이 나쁘다는 식으로 변명하는 것은 바람직하지 않다고 생각해!"

2

강의 ① :
경쟁을 통해서 성장하라

비즈니스의 대원칙은 생존 경쟁

비즈니스의 기본 원리는 경쟁이다. '경쟁' 이라는 단어는 실로 살벌한 느낌을 주지만, 경쟁만이 풍요로운 세계를 만들어 낸다. 비즈니스의 세계를 생물의 세계로 바꿔서 생각해 보자. 풍족한 생물의 세계, 그 안에 존재하는 대원칙은 생존 경쟁이다. 생존 경쟁이야말로 다양한 생물과 역동적인 생태계를 창조해 내는 것이다.

비즈니스의 세계도 이와 마찬가지다. 경쟁이 존재하기 때문에 창의적인 방법과 기술 혁신이 일어나고, 뛰어난 상품이나 새로운 서비스가 탄생하며, 성공 드라마가 펼쳐진다. 시장에 적응하지 못하고 사라지는 회사가 있는가 하면, 새로운 시장을 창출하여 성장하는 회사도 있다. 경쟁을 통해서만 번영해 가는 것이 비즈니스인 것이다.

경쟁을 배제한 사회주의 국가들이 처음에 꿈꾸었던 이상주의 사회와는 전혀 다른 가난하고 정체된 비인간적인 사회로 전락하게 된 것을 보아도 경쟁의 이로움을 알 수 있다.

경쟁이란 자신이 살아가야 할 장소를 찾아내는 것

그렇다면 당신의 회사는 어떤 방법으로 경쟁해 나가야 하는 것일까? 이 점에 관해서도 생물의 세계를 통하여 힌트를 얻을 수 있다.

열대 우림이나 산호초의 경쟁을 떠올려 보자. 여기서는 수목이나 산호 별로 다양한 종이나 수많은 개체들이 서로 경쟁하면서 자신의 영역을 확보하고 살아간다. 경쟁에서 탈락하면 지금까지 살아왔던 암반이나 수목에서 쫓겨날 수도 있다. 그러나 살기 좋고 먹이가 풍부한 장소는 또 있다.

어떤 생물에게 있어서 다른 모든 생물이 적이 되는 것은 아니다. 산호나 수목은 다른 많은 생물들에게 살 장소를 제공하며, 다른 개체나 종 또한 공존하고 협력하는 경우도 있다. 많은 개체들이 성숙하기 전에 죽기도 하지만 크게 성장하는 개체도 있다. 죽어버린 개체도 잡아 먹혀서 죽는 것이 아니라, 대부분은 먹이를 찾아낼 능력이 없어서 생존에서 탈락하는 것이다.

비즈니스 세계에도 많은 시장(수목)이 있고 다양한 업종(종)이 있으며, 수많은 기업(개체)이 존재한다. 경쟁에서 패배하거나 시장이 축소되면 현재의 장소에 더 이상 머무를 수 없게 될지 모른다. 그러나 그렇게 되면 빨리 다른 시장을 찾아야 한다.

이렇듯 다른 모든 기업이 자사의 적이 되는 것은 아니다. 비즈니스란 다른 기업과 상부상조하면서 공존, 협력해 나가는 것이다.

많은 기업이 설립되어 3년 이내에 사라지지만, 100년 이상 살아남는 기업도 존재한다. 사라진 경우도 다른 기업에 먹혀서(합병)가 아니라, 대부분은 먹이(고객)를 찾아낼 능력이 없어서 사라져 간 것이다.

비즈니스의 경쟁이란 다양한 시장 환경 속에서 주변의 다른 기업들과 경쟁하고 협력하면서 살 곳을 찾고, 먹이가 풍부한 자신만의 장소를 확보해 나가는 것이다.

사막, 사바나, 열대 우림

대부분의 비즈니스 시장은 다양한 업종과 수많은 회사가 존재하는 풍족한 '열대 우림'과 같은 곳이다. 그렇지만 그 중에는 최강의 개체 하나밖에 살아남지 못하는 '사막'과 같은 시장이 있다. 또한 강력한 소수의 개체가 지배하는 '사바나'와 같은 시장도 있다(33 페이지 [도표 2]의 이미지 참조).

사막의 패권자로는 퍼스널 컴퓨터의 OS를 실질적으로 독점하고 있는 마이크로소프트 사를 떠올릴 수 있다. 사바나를 과점하고 있는 강한 개체로는 자동차 산업이나 철강업계에서 군림하는 대기업들이 해당될 것이다.

사막이든 사바나든 열대 우림이든 모두 열대 지역이다. 그러나 강수량의 차이가 전혀 다른 생태계를 만들어 내고 있다. 동일한 자유 경쟁시장에서 왜 전혀 다른 성격의 시장이 존재하는가를 알아보자.

열대 우림 시장

사바나 시장

사막 시장

1. 사막형 시장 = '네트워크 외부성'이 있는 시장

당신이 사용하는 컴퓨터(PC)의 OS는 아마도 마이크로소프트 사의 윈도우 체계일 것이다. 사용하는 소프트웨어도 워드나 액셀, 파워포인트와 같이 마이크로소프트 사의 제품이 대부분일 것이다. 매니아 층을 형성하고 있는 애플 컴퓨터의 맥킨토시도, 저스트 시스템의 일본어 워드프로세서인 '이치타로'도 시장 점유율은 불과 몇 %에 지나지 않는다.

사막형 시장에서는 이용 인구가 많을수록 가치가 올라가는 '네트워크 외부성'이라는 게 있다. PC의 경우, 데이터의 공유를 고려하면 보다 많은 사람들이 사용하는 플랫폼(OS나 저장 미디어)을 사용하는 것이 편리하다. 소프트웨어 회사들도 사용자가 많은 플랫폼을 대상으로 신제품을 개발하고, 플랫폼 자체도 사용자가 많을수록 더욱 향상된다. 이러한 선순환이 이루어지면서 점점 플랫폼의 가치가 더욱 올라가서(수확체증) 결국에는 하나의 플랫폼으로 수렴된다.

수확체증이란 '보급의 임계점'을 넘어선 때에 시작된다. 처음에는 여러 가지 플랫폼이 난립하지만, 최초로 임계점을 넘어선 것만이 살아남는 것이다.

맥킨토시와 윈도우의 경우, 처음에는 맥킨토시가 기술면에서 압도적이었다. 그러나 애플의 맥킨토시가 판매 전략의 실패로 혼란에 빠진 사이에 저렴한 PC로 수를 늘린 윈도우가 먼저 보급의 임계점을 넘어섰고 플랫폼의 패권을 거머쥐게 된 것이다.

비디오 테이프 규격의 경우도 이와 유사하다. 비디오 테이프가 시장에 출시되기 시작한 당시에는 VHS 방식과 베타 방식 모두 비슷한 정도의 판매 실적을 보이고 있었다. 오히려 베타 방식의 화질이 더 우수하다고 평가하는 사람들도 많았다. 그러던 것이 어느 시점을 지나면서부터 비디오 대여점에 VHS밖에 남지 않게 되었다. 2시간 동안 녹화할 수 있고, 사용하기에 아주 조금 편리할 뿐이었던 VHS가 결국 시장을 독점하게 된 것이다.

임계점에 도달하기까지 맥킨토시나 베타에도 충분히 역전의 가능성은 있었다. 하지만 조금 더 빨리 임계점에 도달한 쪽이 결국 시장 전체를 거머쥐게 된 것이다.

이제 플랫폼 경쟁에서 살아남기 위한 유일한 전략은 승자에게 참여하는 것이다. 맥킨토시도 실질적으로는 윈도우의 호환 시스템으로 생존하고 있다. 그렇지 않았다면 다른 기기들처럼 맥킨토시도 시장에서 자취를 감추었을 것이다. 베타 방식을 주도했던 소니도 지금은 VHS 방식만을 생산하고 있다.

플랫폼 간의 경쟁에서는 VHS 방식과 베타 방식의 경쟁에서처럼, 또는 최근의 차세대 DVD나 디지털 카메라의 저장 매체 규격에 관한 경쟁에서처럼 하나의 플랫폼을 몇 개의 회사가 지지하면서 경쟁하는 것이 일반적이다. 마이크로소프트 사가 특이한 것은 이런 플랫폼을 한 회사가 독점하고 있다는 데에 있다. 즉 그들은 플랫폼이 창출하는 이익을 독점하고 있는 최후의 승자라고 할 수 있다.

이처럼 '사막의 패권자'가 되는 회사는 매우 예외적이라고 할 수 있다. 마이크로소프트 이외에는 인텔이나 전성기 시절(1980년대까지)의 IBM 정도에 불과하다.

2. 사바나형 시장 = '규모의 경제'와 '학습곡선'이 작용하는 시장

제철이나 자동차와 같은 업계는 대부분의 나라에서 기껏해야 3~5개의 대기업이 과점하는 '사바나형' 시장이다.

예를 들어 (37페이지의) [도표 3]에서 자동차 회사 간의 생산원가를 비교해 보자. 생산 규모(=점유율)가 커지면 커질수록 설비 생산성이 향상되고, 재료의 조달 단가도 낮아지며, 관리 부분의 간접비도 상대적으로 줄어들어 생산원가가 낮아진다. 이에 비해 시장가격은 생산원가가 높다고 해서 높게 책정할 수 있는 게 아니다. 즉 제품의 차별화를 이루기 어려운 소재 산업 등에서는 생존을 위한 이익을 확보할 수가 없다.

어느 정도의 규모를 갖춘 큰 회사에서는 '규모의 경제'가 강하게 작용한다. 이러한 시장은 소수의 대기업만이 살아남는 사바나형 시장이 된다. 실제로 1990년대 중반 이후 제철이나 제지 등 소재 산업에서 대규모 합병이 이어졌는데, 대체적으로 2대 그룹(제철은 신니혼제철과 JFE, 제지는 오지제지와 니혼제지)으로 집약되었다.

규모의 경제는 통신업계나 은행업계에서도 강하게 작용한다. 1985년의 통신 자유화 직후에 신규로 참여한 회사들은 대부분이 도태되었고, 결국 통신사업자 4개 그룹(NTT, KDDI, 덴료쿠계, 소프트뱅크)으로 조정되었다.

도시 은행도 사바나형 시장의 주민이다. 은행에서 취급하는 금융상품은 대부분이 차별화를 달성하기가 어렵다. 획기적인 신상품을 출시해도 곧바로 모방한 상품이 출시된다. 또한 시스템 투자 등에 거액의 자본이 필요하기 때문에 규모의 차이가 비용 구조의 차이로

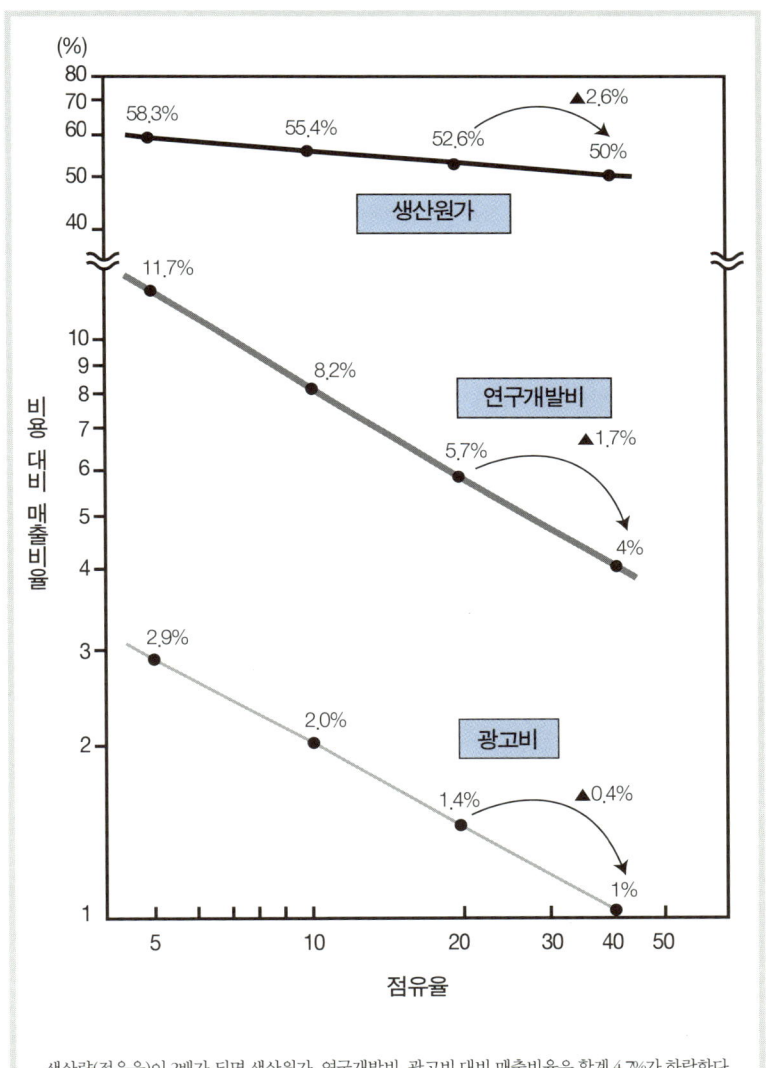

생산량(점유율)이 2배가 되면 생산원가, 연구개발비, 광고비 대비 매출비율은 합계 4.7%가 하락한다.
* 점유율 40%인 기업의 생산원가, 연구개발비, 광고비 비율을 가정한 후 기울기로 계산한 모델
* 『MBA 경영 전략』(다이아몬드)에서 인용

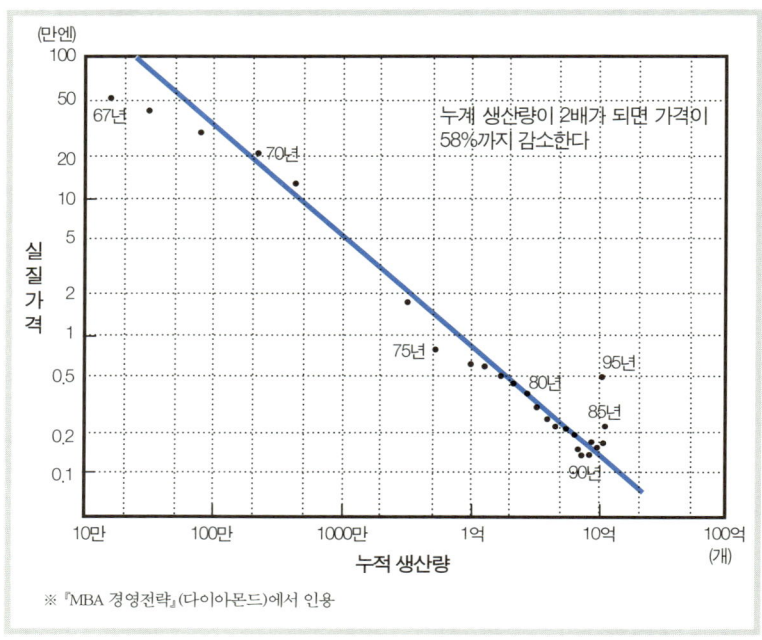

[도표 4] 전자계산기 생산의 학습효과

(만엔)

누계 생산량이 2배가 되면 가격이 58%까지 감소한다

67년

70년

75년

80년

95년

85년

90년

실질가격

10만   100만   1000만   1억   10억   100억
누적 생산량   (개)

※ 『MBA 경영전략』(다이아몬드)에서 인용

직결된다. 1990년대 전반에는 10개 이상이었던 도시은행, 장기신용 은행이 대략 3개 그룹(미쓰비시UFJ, 미즈호, 미쓰이스미토모)으로 재 편된 것은 이미 잘 알려진 사실이다. 규모의 경제가 작용하는 이상, 이와 같은 과점화는 피할 수 없다.

　사바나형 시장을 만드는 또 다른 하나의 원리는 학습효과이다. 예를 들어 전자계산기의 제조원가는 위의 [도표 4]에 제시한 것처럼 생산 대수의 누계에 따라 낮아진다. 생산을 하면 할수록 생산의 노 하우가 축적되어 설비나 공정이 개선되고, 재료의 제품화 비율이 향상되기 때문이다. 이것을 '학습효과(곡선)' 또는 '경험효과(곡선)' 라고 한다.

　이러한 학습효과는 정도의 차이는 있지만 생활용 기기, 반도체, 액정 패널 제조, 항공기 제조 등 제조업 전반에 걸쳐 폭넓게 적용된다. 이들 학습효과가 강하게 작용하는 산업에서는 다른 회사보다 앞서서 노하우를 축적하는 것이 경쟁력을 강화하는 열쇠가 된다.

3. 열대 우림 · 온대형 시장 = 수많은 회사가 공존하는 시장

　사막이나 사바나는 지상 면적의 상당한 부분을 차지하며, 그곳에 서식하는 코끼리나 사자 등은 크고 눈에 띄기도 쉽다. 그러나 생물의 압도적인 다수는 열대 우림이나 온대 지방에서 서식한다. 마찬가지로 사막이나 사바나에는 눈에 띄기 쉬운 대기업이 활동하지만, 대부분의 회사는 열대 우림 또는 온대 시장에서 활동하는 중견 또는 중소기업이다.

　예를 들어 식품 회사나 의류 회사는 열대 우림의 주민이라고 할 수 있다. 니치레이나 가고메와 같은 대기업을 합쳐도 식품업계에서 차지하는 점유율은 크지 않다. 또한 유니크로나 유명 브랜드를 전부 합해도 의류 제품의 점유율은 일부에 지나지 않는다. 시장의 대부분을 차지하는 것은 작은 회사들이다.

　(40페이지의) [도표 5]에 제시한 캔커피 시장을 살펴보자. 식품, 음료품이라는 정글에 '청량 음료의 숲'이 있고, 그 안에 '캔커피의 나무'가 있다. 이 나무에 몇 개의 회사들이 나눠서 살고 있다. 각 회사가 경쟁하며 다양한 상품을 생산하면서 고객과 이익을 나눠 갖는 것이다.

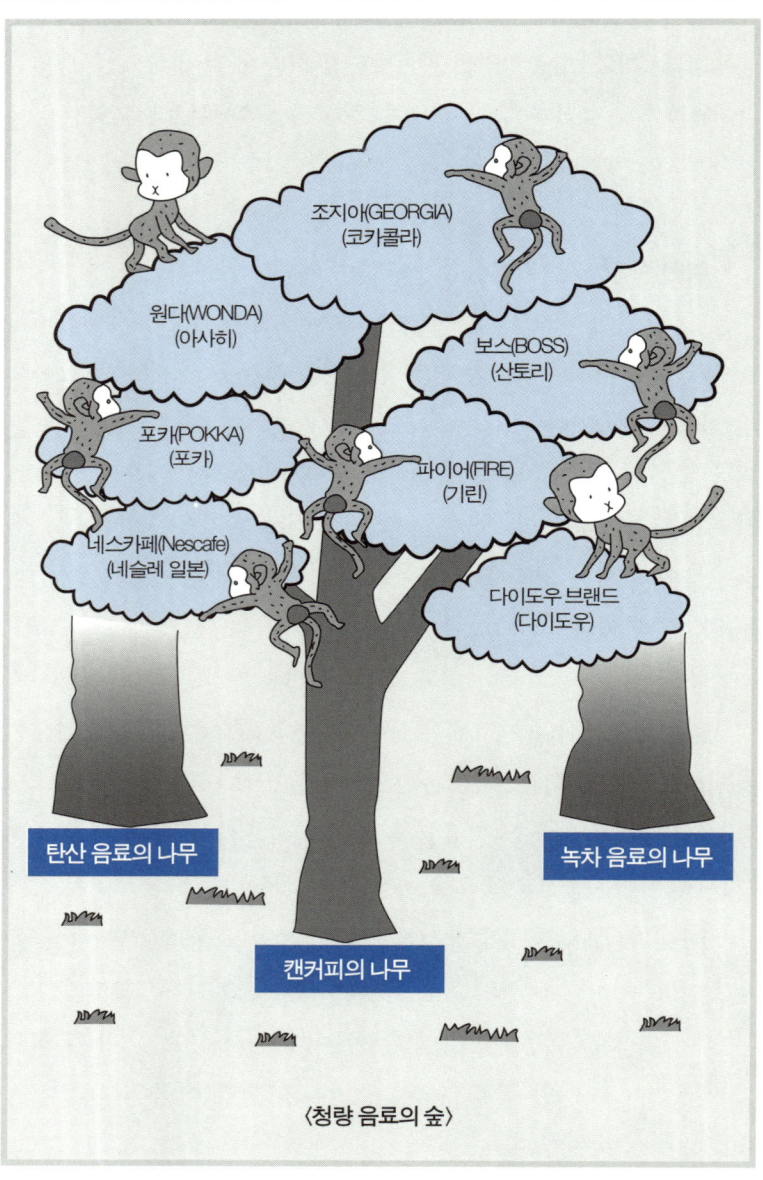

조지아(GEORGIA)
(코카콜라)

원다(WONDA)
(아사히)

보스(BOSS)
(산토리)

포카(POKKA)
(포카)

파이어(FIRE)
(기린)

네스카페(Nescafe)
(네슬레 일본)

다이도우 브랜드
(다이도우)

탄산 음료의 나무

녹차 음료의 나무

캔커피의 나무

〈청량 음료의 숲〉

한편 가전업계는 사바나와 열대 우림의 중간 지대인 '온대'에서 거주하는 주민이라고 할 수 있다. 소니나 마쓰시타 전기, 그리고 샤프나 산요 전기와 같은 대기업과 중견 기업들이 있는가 하면, 틈새 상품 시장이나 업무용 시장에서는 중소기업들도 살아가고 있다.

쓰보타의 의료용 분석기도 온대 시장이라고 할 수 있다. 수많은 기업들이 참여하는 시장은 아니지만, 같은 분석기라도 혈액이나 소변에 따라 강점을 가진 회사가 다를 것이다. 또한 중소 병원에서 사용하는 제품과 대학 등의 연구 기관에서 사용하는 제품도 서로 다를 것이다. 즉 몇 개의 회사들이 독점하고 있는 시장은 아닌 것이다.

이제 비즈니스에서의 경쟁이 무엇인가를 이해했다면, 경혈(포인트)에 관한 이야기로 다시 되돌아가 보자. 하나 하나 눌러보고 효과가 있는 경혈(포인트)과 효과가 없는 경혈(포인트)을 찾아보는 것이다.

2000년 전후부터 은행과 제철 산업에 대규모의 인수합병 바람이 불어닥쳤다. 그러나 이러한 규모의 경제 추구는 오늘날 홀연히 등장한 것은 아니다. 그렇다면 왜 지금까지 많은 제철 회사나 은행들이 살아남았던 것일까? 해답은 간단하다. 정부가 망해 가는 기업을 인위적으로 살려놓았기 때문이다.

예를 들어 1980년대까지는 각 제철 회사의 채산성을 고려하여 통상산업성(현 경제산업성)이 예측의 형태로 철강의 도매가격을 정해왔다. 또한 건설 회사나 자동차 회사 등 대형 고객에 대한 납품비율도 매년 정해져 있었다. 대형 고객의 입장에서도 해외에서 값싼 재료를 수입하여 정부의 눈총을 받는 것보다는 행정지도에 순응하는 것이 여러모로 이로웠던 것이다.

그런데 세계 시장이 글로벌화되면서 국내 시장만을 바라보던 시대가 종말을 고한 것이다. 이 시기에 등장한 것이 닛산 자동차의 '카를로스 곤'이라는 "비상식적"인 경영자(1999년 사장 취임)의 등장이었다. 곤은 '싸기만 하면 대량으로 구입한다'라는 비즈니스에서는 너무나 당연한, 그러나 철강업계에서는 깜짝 놀랄 새로운 규칙을 도입한 것이다. 국내 철강업계의 카르텔이 완전히 붕괴되고 "진정한" 경쟁과(당연한 결과로서) 재편이 시작된 것은 바로 카를로스 곤이 등장한 이후였다.

또한 대장성(현 재무성)도 1990년대 중반까지 "주요 은행은 어떤 일이 있어도 문을 닫는 일이 없도록 하겠다"라고 공언하며 선단식으로 은행업계를 보호해 왔다. 호송 선단이라는 것은 가장 효율이 나쁜 무기력한 은행에 맞추어 이율 등의 경영 조건을 강제로 조정하는 방식이었다. 비용 경쟁력이나 영업력이 뛰어난 은행으로서는 받아들이기 힘든 매우 기분 나쁜 제도였다.

이와 같은 철강 카르텔이나 선단식 경영으로 인해 실적이 나쁜 회사도 생존할 수 있으므로 득이 될 수도 있다고 생각한다면, 전혀 그렇지 않다는 사실이다. 강제적으로 설정한 높은 가격의 철강을 구입하는 대상은 자동차 회사, 다름 아닌 소비자였던 것이다. 은행의 경우에는 일반 이용자나 사업자들이 손해를 보고 있었던 셈이다.

3

새의 눈으로 시장을 관찰하는
8가지 포인트

경쟁 전략을 파악하기 위한 요령에는 8가지가 있다. 다시 이 8가지를 '경쟁 환경을 관찰하는 포인트', '시장을 시간축으로 관찰하는 포인트', '경쟁 방법의 포인트'라는 세 가지로 크게 나눈 다음 차례대로 알아보도록 한다.

경쟁 환경을 관찰하는 포인트

먼저 높은 위치에서 시장을 살펴본 후에 당신의 회사가 경쟁하고 있는 영역을 파악해 보도록 하자. 당신의 회사가 경쟁하는 상대는 동종업계의 회사만이 아니다. 경쟁 상대로는 신규 참여 기업이나 대체품도 포함된다. 이들은 지금까지 경쟁해 왔던 방법으로는 경쟁할 수 없는 상대지만, 핵심을 파악한다면 당신의 회사를 비약적으로 발전시킬 수 있는 기폭제가 될 수도 있다.

포인트 1 경쟁 상대는 동종업계의 회사만 있는 것이 아니다

'경쟁'이라는 단어에서 연상하기 쉬운 것은 동종업계 타사일 것이다. 여행 대리점이나 증권 회사라면 같은 역 주변에 있는 타사의 지점, 전자제품 제조업체라면 한국이나 대만 등 동종업계 타사의 동향에 가장 민감할 것이다.

그러나 당신이 근무하는 회사의 경쟁 상대를 동종업계 타사로 한정하는 것은 큰 잘못이다. 따라서 경쟁이라는 말을 넓은 의미에서 바라보는 것에서부터 시장의 핵심을 찾아보아야 한다.

경쟁에는 먼저 신규 참여 집단이 있다. 지금까지 다른 업종이라고 생각했던 회사가 동일 업계에 진출하는 경우를 말한다. 은행업계라면 이토요카도 등 다른 업종의 회사가 은행업계에 진출하는 것, 서점업계라면 '아마존'과 같은 인터넷 서점이나 '북 오프'와 같은 서점(새 책과 중고 서적을 취급)처럼 새로운 업태로 시장에 진출하는 것이 해당된다.

또한 납품처 혹은 공급원이 경쟁 상대가 될 가능성도 있다. 예를 들어 식품 제조업체의 입장에서 보았을 때 슈퍼마켓의 개별 브랜드는 경쟁 상대가 된다. 또한 아키하바라의 전자제품 상가의 입장에서 제조업체의 직판 컴퓨터는 커다란 위협이 될 것이다.

뿐만 아니라 대체품(현재의 비즈니스를 대체할 서비스나 상품)이 등장할 가능성도 있다. 필름을 사용하던 사진에 대하여 디지털 카메라가 등장한 것과 같은 경우이다. 사용자 측에서 보면 대체품의 범위는 더욱 넓어진다. 추억을 남기는 것이 목적이라면 카메라 폰이나 프린트 클럽, 그림 엽서, 스케치도 카메라의 대체품이 될 수

있는 것이다.

이들 '동종업계 타사 · 신규 참여 기업 · 납품처 · 공급원 · 대체품' 등의 5가지를 Five Forces(5개의 힘), 줄여서 5F라고 한다. 경쟁 환경은 이러한 5F를 파악하여 관찰해보면 된다.

포인트 2 신규 참여 기업과의 경쟁에서는 자사 비즈니스 모델의 전환 도 각오하라

동종업계 타사와의 경쟁은 이른바 동일한 근거지를 기반으로 하는 경쟁이다. 예를 들어 증권 회사라면 노무라, 다이와, 닛코 증권 등이다. 어떤 의미에서 이들은 오랜 기간에 걸친 라이벌 관계로서, 서로를 잘 알고 경쟁하는 관계이다. 신규 참여 기업이 있어도, 예를 들어 도시 은행이 증권 자회사를 설립하는 것과 같이 동일한 영역에서 시작하는 것이라면 지금까지 해오던 방법으로 경쟁할 수 있다.

이에 반해 전혀 다른 기반(비즈니스 모델)에서 진출해 오는 회사는 무서운 존재가 될 수 있다. 증권 회사에 비유하자면 E 트레이드나 마넥스(인터넷이나 전화로 주식이나 금융 상품을 거래할 수 있는 증권 회사) 등의 인터넷 증권이 여기에 해당된다. 대기업 증권사의 개인 영업 조직이 전국에 걸친 지점망과 1만 명 규모의 영업사원을 보유하고 있는 것에 반해, 인터넷 증권은 기껏해야 100명 규모의 회사에 불과하다. 비용 구조에서 전혀 다르다고 할 수 있다. 인터넷 증권이 등장하고 나서 약 5년 이내에 대기업에 뒤지지 않는 고객 수를 확보하였고, 수수료가 저가임에도 불구하고 수익을 올리고 있는 이유는 비즈니스 모델이 전혀 달랐기 때문이다.

물론 새로운 비즈니스 모델은 무조건 인터넷이라는 뜻이 아니다. 이발소인 'QB 하우스'는 '10분에 1,000엔'이라는 가격으로 지금까지 없었던 서비스를 통해서 성장하고 있다. 이들은 서비스의 향상(=짧은 시간 안에 끝내는 것이 서비스다)과 비용 절감을 양립시켜서 비즈니스 모델을 성립시킨 신규 참여 기업이라고 할 수 있다. 앞서 언급한 '북 오프'도 새로운 비즈니스 모델을 갖춘 서점이라고 할 수 있다.

이들 신규 참여 집단에 비해 기존의 회사가 간단하게 떨쳐낼 수 없는 '굴레'가 있다. 예를 들어 유명 증권 회사가 본격적으로 인터넷 영업을 시작하려고 해도 지금까지 구축해 놓은 지점망이나 대리점, 영업사원을 한 순간에 버릴 수 없다는 것이다. 또한 하나의 파이를 인터넷과 함께 깎아 먹는 현상(=Cannibalization)을 어떻게 해결해야 하는가도 매우 어려운 문제이다.

사무기기 업계 2위의 '프라스' 사가 적극적인 통신판매와 인터넷 상의 온라인 판매를 전개하는 것에 반해, 최강의 대리점 체인을 자랑하는 업계 1위의 '고쿠요' 사가 통판과 인터넷 판매 사업에 거의 진출할 수 없었던 것이 좋은 사례라고 할 수 있다.

인터넷업계로 전환한 마쓰이 증권의 경우, 임원들의 대대적인 반대와 퇴직자들의 항의를 무릅쓰고 강제적으로 업태 전환을 결정했다. 마쓰이 미치오 사장의 강력한 결단과 확신이 있었기 때문에 가능했으며, 보통의 회사였다면 좀처럼 그런 결단을 내리지 못했을 것이다. 그러나 그토록 어려운 결단을 내리는 한편, 스스로 비즈니스 모델을 바꾸었기 때문에 마쓰이 증권은 계속해서 성장할 수 있었던 것이다.

대체 서비스의 등장은 신규 참여 이상으로 두려운 일이다. 업계 전체가 고객으로부터 "더 좋은 상품·서비스가 나왔으니까 지금 것은 필요 없다"라는 말을 들을 수 있기 때문이다. 예를 들어 1980년대에 CD가 등장했을 때, 주류를 이루고 있던 레코드 음반은 편리성이나 음질 면에서 CD에 현저하게 뒤떨어졌다. 결국에는 5년도 버티지 못하고 거의 사라지고 말았다.

이처럼 대체품이 등장하게 되면 어떻게 대항해야 할까?

계속해서 CD의 예를 살펴보자. CD는 애플 사의 iPod로 대표되는 HD 플레이어나 인터넷에 의한 음악 다운로드 때문에 위협을 받고 있다. 이렇게 말하면 많은 사람들이 "음악 회사에 가장 큰 위협이 되는 것은 CD 대체품의 등장이다. 복사 방지 기능을 갖춘 CD를 보급해야 한다."라고 말한다.

그러나 냉정하게 생각해 보자. 음악 회사는 현재 매출의 대부분을 CD에서 충당하고 있지만, 이들 대부분은 예전에 CD가 등장했을 때도 레코드 음반의 매출이 감소한다고 반대했었다. 그러나 결과적으로 CD의 보급은 음악 회사를 크게 성장시켰다. 비디오나 DVD의 예를 봐도 알 수 있듯이 새로운 미디어의 등장은 단기적으로는 기존의 구조에 혼란을 가져오기도 했지만, 동시에 음악 회사나 콘텐츠 회사를 발전시켜 왔다는 것이다.

음악 회사의 올바른 전략은 새로운 미디어를 최대한으로 이용하는 것이다. HD 플레이어에 대한 음악 제공은 물론, 휴대전화에 대한 착신 멜로디, 착신 음악의 제공, 브로드 밴드를 이용한 음악 송신 서비스 등 CD 이외에도 새로운 기회는 더욱 확대되고 있다.

대체품의 위협에 직면했을 때 취해야 할 방법은 하나밖에 없다. 현재의 기반을 잃게 될 가능성이 있다고 하더라도 새로운 상품이나 서비스를 진지하게 받아들이고 도입해야 한다는 것이다. 어차피 현재의 기반은 언젠가는 변한다. 당분간은 고통을 감수해야겠지만, 새로운 기술과 비즈니스 모델을 바탕으로 업계는 더욱 발전하고 진화될 가능성이 크다. 어떤 의미에서는 도박과도 같을 수 있지만, 새로운 기술이나 비즈니스의 등장을 외면하려고 한다면, 자신이 속한 업계 전체는 점점 쇠퇴하다가 언젠가는 소멸해버릴 것이다.

Column	길드 업계는 방어에 최선을 다하라!

규제와 인허가 시스템으로 보호받고 있는 업계를 '길드 업계'라고 하자. 규제 완화 이전의 금융이나 통신, 건설, 의료 분야가 대표적인 예다.

길드 업계의 주민은 우아한 특권 계급이라고 할 수 있다. 업계의 질서에 따른 정례 행사와 같은 경쟁만이 존재할 뿐, 이들 세계는 무례한 신규 참여나 업계를 횡단하는 역동적이고 야만적인 경쟁과는 인연이 멀다. 1985년의 통신 자유화가 이루어지기까지 전전공사(현 NTT그룹)와 국제전전(현 KDDI)이 독점하는 길드 세계였던 통신업계를 살펴보자.

자유화 이전의 장거리·국제 전화 요금은 어찌되었건 비쌌다. 도쿄에서 오사카로 전화를 걸면 순식간에 1천 엔 짜리 지폐가 사라지고, 미국에 잠깐 전화를 걸려면 족히 몇 만 엔은 각오해야 했다.

그러나 통신이 자유화됨에 따라 장거리 통신 사업자가 시장에 참여하면서부터 장거리 전화는 5분의 1, 국제 통화는 8분의 1 가격으로 즉시 인하되었다(49페이지의 [도표 6]을 참조). 현재는 IP 전화를 사용하면 예전의 시내 전화보다 싼 요금으로 미국에 전화를 걸 수 있다. 이처럼 요금이 내렸지만 NTT는 지

[도표 6] 장거리 통화 · 국제 통화 요금의 비교

국내 장거리 전화요금(도쿄-오사카 간 · 평일 낮 시간 3분간)

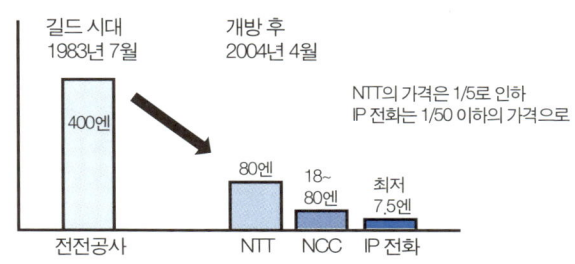

길드 시대
1983년 7월

개방 후
2004년 4월

NTT의 가격은 1/5로 인하
IP 전화는 1/50 이하의 가격으로

400엔

80엔

18~
80엔

최저
7.5엔

전전공사   NTT   NCC   IP 전화

국제 전화 요금(일본-미국 간 · 평일 낮 시간 3분간)

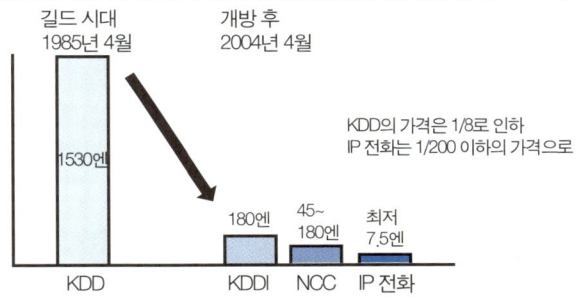

길드 시대
1985년 4월

개방 후
2004년 4월

KDD의 가격은 1/8로 인하
IP 전화는 1/200 이하의 가격으로

1530엔

180엔

45~
180엔

최저
7.5엔

KDD   KDDI   NCC   IP 전화

브로드 밴드 요금 국제 비교(2003년 7월)

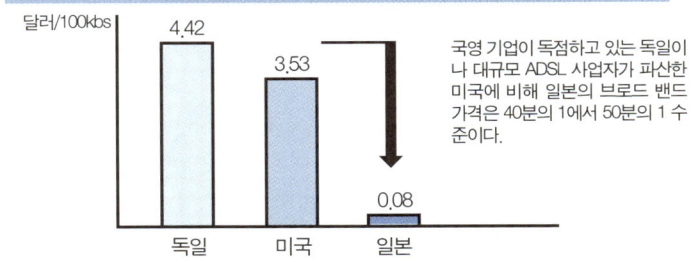

달러/100kbs

4.42

3.53

국영 기업이 독점하고 있는 독일이
나 대규모 ADSL 사업자가 파산한
미국에 비해 일본의 브로드 밴드
가격은 40분의 1에서 50분의 1 수
준이다.

0.08

독일   미국   일본

※NCC는 신규 참여 사업자를 말한다.
*일본 총무성 '정보통신백서'(2004년판)에서 인용

금도 연간 1조 엔을 넘는 이익을 내고 있는 것을 보면 예전의 특권으로 얼마나 많은 재미를 보았는지 알 수 있다.

지갑에 신경을 쓰지 않고 장거리 전화를 할 수 있게 된 것이나 고속 인터넷이 이 만큼 보급된 것도 그야말로 통신 자유화 덕분이라고 할 수 있다. 이처럼 길드 개방은 일반 국민에게는 크게 환영받는 일이다.

비록 통신과 금융업계는 규제 완화가 상당 부분 진행되었다고는 하지만, 아직도 길드 귀족은 많다. 그 전형적인 예가 '1지역 1전력 회사' 구조로 유지되어 온 전력업계가 그렇다. 물론 부분적으로 규제가 완화되었지만, 전체적인 측면에서 보면 경쟁과는 인연이 먼 업계이다. 또한 전파 면허라는 제도에 의해 보호받고 있는 지상파 텔레비전도 길드의 주민이라고 할 수 있다. 이들 업계에 대한 신규 참여는 실질적으로 불가능하다고 봐야 한다.

공공사업에 의존하는 건설업 · 토건업도 길드 세계에 속한다. 이 세계의 주민들 사이에서는 공공사업의 예산을 차례차례 돌려가면서 먹는 구조가 성립되어 있다. 신규 참여 사업자는 담합이라는 룰에서 배제되기 때문에 경영이 성립조차 되지 않는다. 또한 효율적이고 저렴한 신기술이나 환경 보호 측면에서 뛰어난 신기술이 아무리 해외에 널리 보급되어도 국내의 길드 질서를 혼란시키므로 거의 채택되지 않는다.

병원이나 복지와 관련된 세계도 인허가 시스템에 묶인 길드의 세상이다. 의사나 간호사 개인으로 보면 헌신적인 이들도 많지만, 병원이라는 시스템도 구태의연하고 폐쇄적인 길드라고 할 수 있다. 다른 업계에서는 당연하지만, 환자를 위한 새로운 작은 서비스도 의료업계에서는 커다란 화제가 될 정도이니 말이다.

또한 초등학교부터 대학까지의 교육기관도 폐쇄적인 길드라고 할 수 있다. 진정한 의미에서의 경쟁 원리가 작동하지 않기 때문에 그 품질의 낙후함에는 눈을 돌리고 싶을 정도다.

이들 길드 업계가 생각하는 올바른 전략이란 그 특권을 사수하여 같은 업계의 동지들끼리 이익을 나눠 먹는 것이다. 어차피 고객의 입장에서도 달리 선택할 방법이 없다. 규제 권한을 가지고 있는 당국이 정해 준 최저의 서비스를 비숫하게 제공하기만 하면 되기 때문이다. 업계의 외부에서 혁신적인 기술이 등장하게 되면 자신들이 충분히 소화·흡수할 수 있을 때까지 어떤 트집을 잡아서라도 배제해야 한다. 눈에 거슬리는 길드(특권)에 대한 개방 압력 등은 자신들의 장점인 정치력 등을 총동원하여 저지하는 것이다.

'야마토 운수'의 택배에 대하여 구(舊) 우정성이 계속해서 허가를 내주지 않았던 일이나 '스카이마크 에어라인'이 신규로 업계에 참여하게 됨과 동시에 일본 항공과 제니쿠(全日空) 사가 그 때까지 거의 가격 인하를 하지 않았던 노선에 대하여 갑자기 반액 세일을 실시한 일, 야후 BB의 접속 신청에 대하여 NTT가 지연 전술로 신청을 지체시킨 일 등 길드 주민에게는 신규 참여를 저지하기 위한 수단이 얼마든지 있다. 야마토 운수, 스카이마크, 야후 BB 등이 살아남은 것은 기적에 가까운 일이다.

앞서 설명한 것처럼 비즈니스의 본질은 경쟁이다. 경쟁이 없는 길드 세계는 공산주의 세계에 가깝다. 그들이 약했을 때에는 보호와 육성이 필요했을지 모르지만 거대해진 그들을 더 이상 보호할 정당한 이유는 없다.

시장을 시간 축으로 바라보는 포인트

다음은 시장의 흐름을 10년 단위의 긴 시간 축으로 관찰해 보자. 평소의 업무에 쫓기느라 파악하지 못했던 급소가 있음을 깨닫게 될 것이다.

포인트 4 10년 후의 시장으로부터 거꾸로 역산하라

시장 전체의 변화를 생각해 보기 위해서는 현재의 상황을 장래에 맞추어 적용시킬 것이 아니라, 10년 후로 자신의 관점을 옮겨서 거

기서부터 생각해 보는 것이 좋다. 내일의 주가나 내년의 실적보다는 10년 후의 시장 상황을 전망해 보는 것이 효과적이다.

그리고 10년 후의 상황을 상당히 정확하게 추정할 수 있도록 하는 것이 기술 동향과 인구 동향이다.

예를 들어 컴퓨터와 네트워크 기술은 10년이 지나면 그 성능이 약 100배로 향상될 것이다(무어의 법칙).

PC가 보급되기 시작한 1980년대, PC에 열광했던 것은(빌 게이츠를 포함한) 젊은이들 만이었고, 대형 컴퓨터 업계에서는 PC를 값싼 장난감에 비유하며 냉소를 보냈다. 그러나 PC는 순식간에 성능을 향상시켜 고가의 대형 컴퓨터를 삼켜버렸다. 대형 컴퓨터가 아직 살아있는 것은 비용을 무시하는(어쩌면 예산이 줄면 곤란한) 관공서의 수요에 의해 유지되는 우리나라 정도에 지나지 않을 것이다.

새로운 기술이 처음으로 등장한 때는 성숙도가 낮고 절대 성능도 대단하지 않다. 그러나 주목해야 할 점은 저렴한 가격과 성능 향상의 속도이다. 얼마 안 가서 주류를 점하고 있는 현재의 기술을 대체하게 될 가능성이 크다. 이와 같은 기술을 파괴적 기술이라고 한다. 특히 전자산업은 진공관을 대체한 트랜지스터에서 시작하여 브라운관을 대체하고 있는 액정 패널, 교환기를 대체할 IP 전화 등 파괴적 기술이 기술의 진보를 이끌어 왔다.

또한 사용 가능한 IT 기술이 진화되면 현재의 비즈니스 구조도 변하게 될 것이다. 바이오 테크놀로지나 환경, 대체 에너지 기술 등이 당신의 회사와 관련이 있다면, 그러한 기술의 미래에 맞추어 경영을 어떻게 전개할 것인지 시나리오를 생각해 두어야 할 것이다.

장래의 인구 동향도 거의 정확하게 예측할 수 있다. 급증하고 있는 정년퇴직 인구를 감안할 때, 2010년 정도에는 해외 여행 등이 폭발적으로 늘어날 것으로 보인다. 청년 인구의 감소와 젊은층의 생활 양극화(소득이 높은 젊은층은 과도한 업무로 여가를 즐길 시간이 없고, 그렇지 않은 젊은층은 시간은 있으나 가난함)의 진전과 함께 1990년대 중반 이후 쇠퇴하고 있는 스키나 테니스도 풍족한 노인 세대가 즐기게 됨에 따라 부활할 것이다. 고도의 의료와 주택 개조 등도 성황을 이루게 될 것이다.

물론 장래에 대한 전망이 반드시 맞아떨어지는 것은 아니다. 1990년대 초반에는 '소자화(少子化 : 자녀를 많이 낳지 않는 경향)의 영향으로 보습학원이 쇠퇴할 것'으로 예측했었다. 그러나 공립학교의 교육의 질이 떨어짐으로써 보습학원은 오히려 크게 번창하고 있다. 1980년대에는 기대주였던 인공지능(아무도 기억하고 있지 않겠지만)이 기대에 크게 어긋났던 것처럼 로봇이나 바이오, 나노 테크놀로지도 예상외의 결과를 초래할지 모른다.

그렇다고 해서 시장에 대한 장래의 전망이 무의미한 것은 아니다. 시장의 앞을 내다본다는 것은 장래를 위하여 상상력을 동원하고 예상되는 변화에 대비한다는 것을 의미한다. "시장의 변화로 인하여 실적이 악화되었습니다."라고 말한다면 그것은 자신의 어리석음을 공언하는 것과 같다.

포인트 5 차세대 주력 상품을 지금부터 준비하라

시장에서는 다양한 상품이나 서비스가 탄생하고 또 소멸해 간다. 이렇게 제품이 시장에 출시되어 소멸될 때까지의 추이를 상품의 라

이프 사이클이라고 한다. 그리고 라이프 사이클은 다음과 같은 패턴을 가진다. (55페이지의) [도표 7을 참고로 하여 얼마 전의 PC, 지금의 디지털 카메라나 와이드 화면 텔레비전을 떠올려 보면 좀더 실감 있게 라이프 사이클을 이해할 수 있을 것이다.

① 도입기

상품이 시장에 등장하기 시작하는 단계이다. 장래의 성장 기대치도 높다. 그러나 연구개발 등으로 비용이 소모되는 것에 비해서 시장은 아직 작고 수익을 확보하기가 어렵다. 수많은 회사들이 여러 가지 형태의 기술로 참여하지만, 장래에 어느 것이 주류를 이루게 될지는 알 수 없다. 그러나 관망하기만 해서는 참여의 장벽이 점점 높아진다.

대부분의 사업이 이 단계에서 탈락하게 된다. 연구개발의 성과, 즉 사업의 씨앗을 산업화로 연결하기까지는 세 가지의 난관이 기다리고 있기 때문이다. 최초의 연구 단계를 상품의 개발로 연결시키는 마(魔)의 강을 건너 개발한 시제품을 사업화로 연결하는 죽음의 계곡을 빠져나온 후에는 마지막으로 사업의 성패를 거는 산업으로 정착시킬 때까지 다윈의 바다를 건너야 한다. 이 모든 난관을 돌파할 수 있는 '씨앗'은 전체 사업에서 겨우 2~3%에 지나지 않는다.

여기까지 오면 풍족한 미래가 기다리고 있을 것으로 생각하지만, 아직도 험난한 여정은 길을 가로막고 있다. 본격적으로 시장에 참여할 것인가, 아니면 용감하게 철수할 것인가에 대한 결단을 내려야 할 단계가 바로 이 때인 것이다. 기업의 입장에서 보면 마치 다루

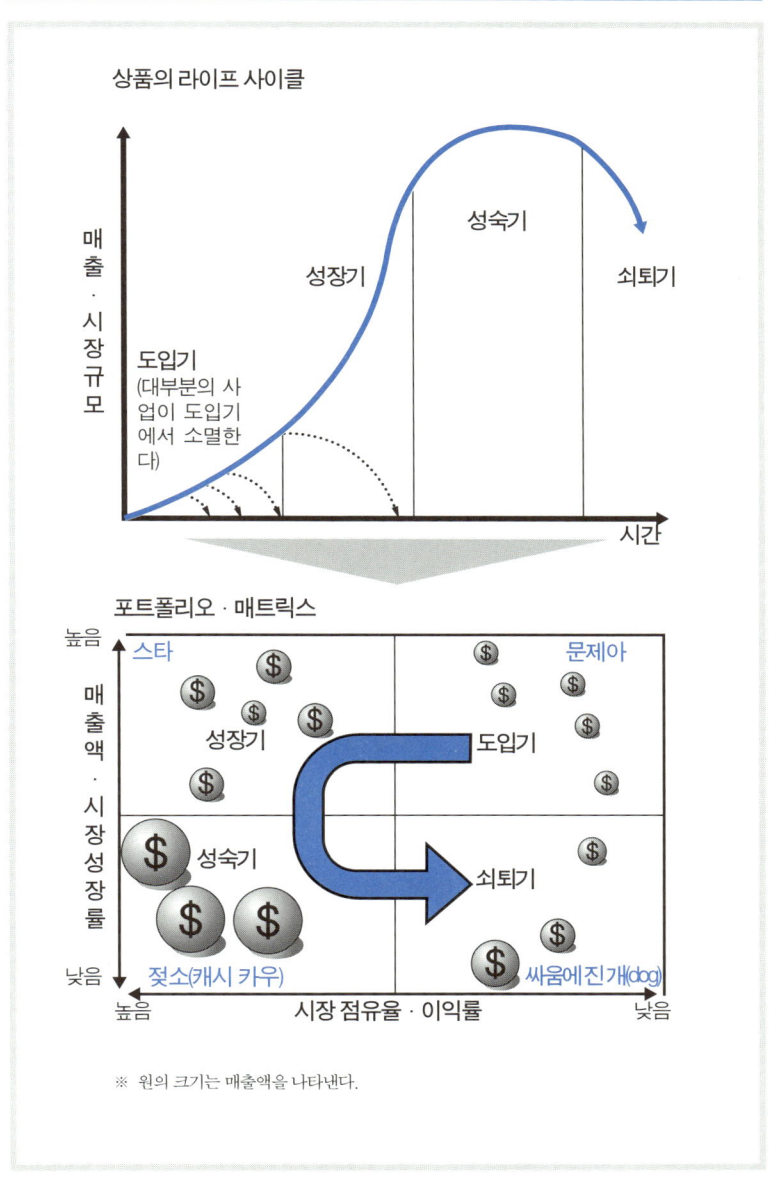

상품의 라이프 사이클

매출 · 시장규모

성숙기

성장기

쇠퇴기

도입기
(대부분의 사
업이 도입기
에서 소멸한
다)

시간

포트폴리오 · 매트릭스

높음

스타

문제아

매출액 · 시장성장률

성장기

도입기

성숙기

쇠퇴기

낮음

젖소(캐시 카우)

싸움에진개(dog)

높음   시장 점유율 · 이익률   낮음

※ 원의 크기는 매출액을 나타낸다.

기 어려운 문제아를 데리고 있는 것과 같다.

②성장기

도입기의 경쟁에서 살아남은 사업은 성장 단계로 들어선다. 상품의 품질도 안정화되고 고객으로부터의 인지도가 높아지며, 시장도 본격적으로 성장하기 시작한다. 성장 시장에서 나름대로 점유율을 확보한 사업은 사내에서도 스타로 취급된다. 다만, 이 단계에서는 아직 생산설비나 기술개발에 대한 적극적인 투자가 필요하기 때문에 화제성에 비해 이익률은 여전히 낮은 경우가 많다.

③성숙기

크게 성장한 시장에서 일정한 점유율을 확보한 상품은 안정된 이익을 창출하는 젖소(cash cow)가 된다. 이 단계에서는 원가 구조를 개선함으로써 더욱 큰 이익을 확보하는 것이 중요하다. 이 사업에서 벌어들인 이익은 차세대 주력 상품이 될 수 있는 젖소를 육성하기 위해 문제아나 스타에 투자해야 한다.

④쇠퇴기

주력 상품도 언젠가는 시장이 축소되고 대체 기술이나 대체 상품이 등장하여 쇠퇴하기 시작한다. 이러한 '패자' 단계에서는 비용을 최소한으로 줄임으로써 이익을 확보하는 것이 정석이다. 아무리 애를 써도 수익을 내지 못하는 단계에 이르기 전에 사업을 매각하는 것도 고려해 두어야 한다.

①～④의 각각의 사업을 시장 성장률(또는 매출 성장률)과 시장 점유율(또는 이익률) 그래프로 표시한 것이 (55페이지의) [도표 기에 나타낸 '포트폴리오·매트릭스' 이다. '문제아'나 '스타', '젖소', '싸움에 진 개'라는 단어는 각각 그래프의 영역에 대응한다. 이러한 그래프를 통하여 회사가 향후 주력해야 하는 사업, 철수를 모색해야 하는 사업을 확연하게 파악할 수 있다.

상품의 라이프 사이클이나 포트폴리오·매트릭스가 의미하는 것은 항상 사업이나 상품 라인의 신진대사를 원활하게 진행시켜야 한다는 것이다. 젖소(캐시 카우)에서 이익을 내고 있는 동안에 스타를 키우고, 스타가 될만한 문제아의 씨앗을 뿌려두는 것이다. 현재의 수익에만 집중하여 장래에 대한 투자를 소홀히 하게되면 상황은 서서히 악화될 것이다.

경쟁 방법의 포인트

경쟁이라고 해서 무조건 정면으로 부딪치는 것만이 능사는 아니다. 비즈니스 경쟁의 대부분은 자신 있는 분야를 더욱 개발함으로써 각자의 생존 수단을 찾아내는 것이다. 이하에서는 이에 관한 세 가지의 포인트를 소개한다.

포인트 6 자신의 위치를 찾아라

시장에서 경쟁할 때의 위치(=포지서닝)에는 ① 리더(주도자), ②

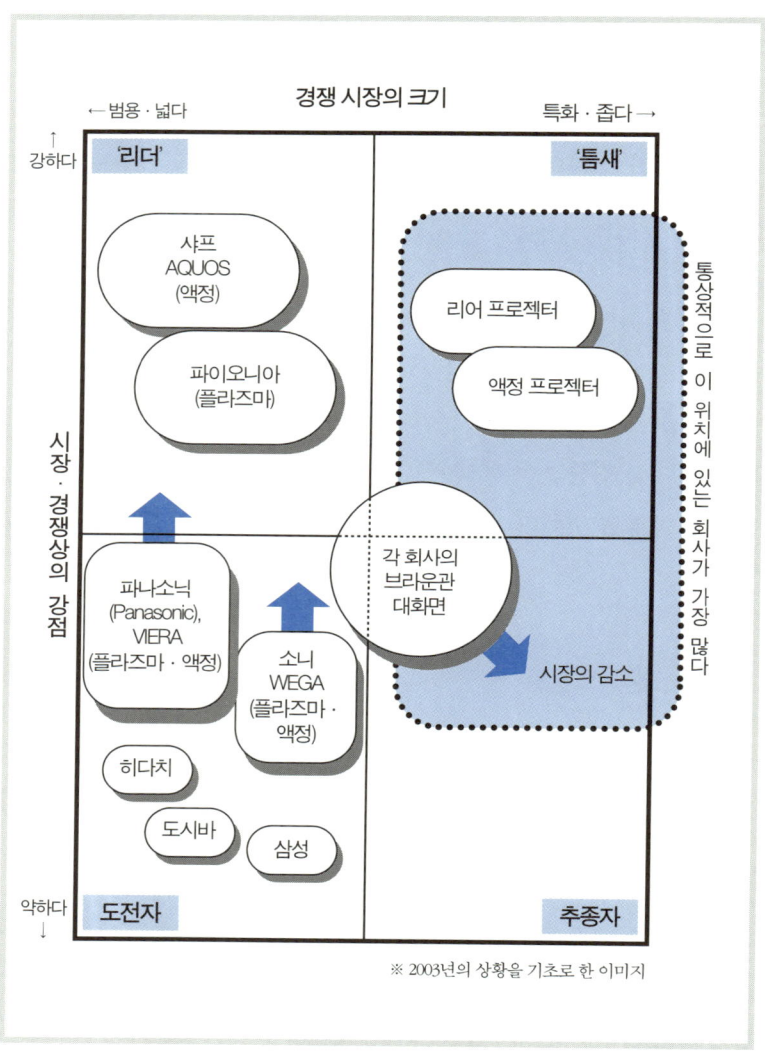

경쟁 시장의 크기

←범용·넓다   특화·좁다→

강하다↑

'리더'

'틈새'

샤프
AQUOS
(액정)

파이오니아
(플라즈마)

리어 프로젝터

액정 프로젝터

시장·경쟁상의 강점

통상적으로 이 위치에 있는 회사가 가장 많다

파나소닉
(Panasonic),
VIERA
(플라즈마·액정)

소니
WEGA
(플라즈마·
액정)

각 회사의
브라운관
대화면

시장의 감소

히다치

도시바   삼성

약하다↓ 도전자

추종자

※ 2003년의 상황을 기초로 한 이미지

도전자(challenger), ③ 틈새(niche), ④ 추종자(follower)의 4가지가 있다.

① 리더는 시장에서 최초로 영역을 확보함으로써 그 지위를 유지하고 있는 회사이다. ② 도전자는 규모나 영업력을 무기로 리더에 도전하는 회사이다. ③ 틈새는 소규모의 특정 부분을 노리는 상품으로 시장의 중심에서 경쟁하지 않으면서 자신 있는 분야나 특정 고객을 특화하는 것을 말하며, ④ 추종자는 상품의 경쟁력이 낮아서 저가의 상품으로 생존을 모색하는 회사이다.

2003년의 와이드 화면 텔레비전 시장을 (58페이지의) [도표 8]을 통해 제시해 보았다. 이 시기는 당시 군림하고 있던 평면 브라운관이 점차 퇴장하고 틈새 상품이었던 액정(샤프)과 플라즈마(파이오니아)가 리더의 자리에 오른 때이다.

또한 상품 개발력이 뛰어난 마쓰시타와 소니가 도전자로서 액정과 플라즈마에 신규로 참여하기 시작했다. 이와 같은 도전자의 참여는 시장 전체를 확대하는 기폭제가 되었다.

2005년부터는 이들 4개 회사(샤프, 파이오니아, 마쓰시타, 소니)가 리더의 위치를 두고 경쟁하게 될 것이다. 어쩌면 리더 경쟁에서 탈락함으로써 틈새 시장에서 살아남기 위한 길을 모색하는 회사도 있을지 모른다. 또한 틈새 상품의 위치에 있었던 리어 프로젝터나 액정 프로젝터가 리더 경쟁에 등장하게 될지도 모른다. 국내 제조업체 이외에도 미국의 델이 도전자로 등장하게 되거나 중국 업체가 저가의 추종자로서 대두될 가능성도 있다.

그밖에도 DVD나 세탁기, 자동차, 슈퍼마켓, 청량 음료, 컵 라면 등의 시장 경쟁에서도 리더, 도전자, 틈새, 추종자의 모습을 찾아

볼 수 있을 것이다.

시장을 멀리서만 바라보면 ① 리더와 ② 챌린저의 경쟁에만 주목하게 되기 쉽다. 그러나 앞서 설명한 것처럼 대부분의 시장은 열대우림 아니면 온대이다. 이곳에서는 대부분의 회사들이 ③ 틈새의 위치에서 경쟁하고 있다.

규모가 작은 회사의 틈새 상품이라고 해서 이익률이 반드시 나쁜 것만은 아니다. 고객의 요구를 확실하게 충족시킬 수 있다면, 비록 매출은 작아도 오히려 경쟁 상대가 적고 이익률이 높은 비즈니스가 가능하다.

이는 광고 대리점이나 인쇄업계를 떠올리면 알 수 있다. 광고업계의 덴츠(電通)나 하쿠호도(博報堂), 인쇄업계의 대일본인쇄, 톱판(凸版)인쇄 등 리더 격의 회사들은 손으로 셀 수 있을 만큼 수가 적다. 대부분의 회사들은 특정 상품이나 특정 고객에 초점을 맞춘 작은 회사들이다.

작은 회사라고 해도 이익을 낼 수 있는 틈새 시장을 확실하게 확보하고 있으면(③ 틈새 상품) 충분히 높은 이익을 향유할 수 있다. 그러나 그것이 불가능한 인쇄 회사나 광고 대리점(④ 추종자)은 가격 경쟁으로 승부할 수밖에 없기 때문에 이익이 점점 줄어든다.

광대한 시장에서 경쟁하는 회사(① 리더와 ② 도전자)는 소수에 불과하다. 대다수의 기업에게 경쟁이란 군침이 도는 틈새를 찾아내어 그곳에서 얼마만큼 확실하게 고객을 확보할 수 있느냐는 것이다.

자신의 강점을 살려서 경쟁하라

다른 회사와 경쟁할 때 가장 유리한 전략은 자신이 이길 수 있는 장소, 강한 종목으로 경쟁하는 것이다. 경쟁이 아무리 치열하더라도 자신의 장소를 틀림없이 확보할 수 있다.

반대로 약점을 보강하여 이기겠다는 전략은 매우 위험하다. 물론 상품에 결함이 있거나 생산원가가 판매가격 이상으로 소요되는 치명적인 결함은 무슨 일이 있어도 개선해야 한다. 그러나 대부분의 단점이나 약점은 장점이나 강점과 표리일체의 관계에 있다.

예를 들어 양질의 소재에 세련된 디자인을 갖춘 제품의 원가율은 아무래도 높아질 수밖에 없다. 그러나 섣불리 원가를 낮춘다면 모처럼의 장점이 사라져 버리게 된다. 약점을 보강하는 데에 치중하여 원래 보유하고 있던 장점을 잃어버린다면 원가를 낮추어 이익을 올리려는 본래의 취지를 살리기가 어렵게 되는 것이다.

학교에 비유하면 전 과목에서 평균 점수를 받는 아이보다 부진한 과목이 있더라도 어느 특정 과목에서 뛰어난 아이가 인기 있고 주목을 받는 것과 비슷하다. 올바른 전략은 부진한 과목은 낙제하지 않을 정도로만 유지하고, 좋아하는 과목에 더욱 집중하는 것이다.

그런데 우등생 기질이 있는 사람, 또는 기업이라면 관리 부문에서 일하는 사람은 약점을 없애는 것에 치중하기 쉽다. 그들의 눈에는 다른 회사에 비하여 열등한 부분만이 자꾸 눈에 들어오기 때문에 모든 과목에서 평균점 이상을 받으려고 노력하게 된다.

그러나 약점이 없다는 것만으로는 고객의 관심을 끌 수가 없다. 오히려 지금까지의 강점이나 특징에 주목했던 고객도 언제 멀어질

[도표 9] AV기기 제조업체의 비즈니스 시스템(이미지)

	기술개발	상품기획, 마케팅	조달	제조	판매
P사	자사가 개발한 화상 처리 엔진	최근에는 이전의 '재탕' 이미지를 탈피	노하우 축적에 의한 비용 절감, 강한 구매력		판매점에 대한 강한 협상력, 지역 가전 판매점 네트워크
SC사	자사가 개발한 화상 처리 엔진	압도적으로 강한 브랜드와 디자인 감각	타사 조달과 아웃소싱을 활용, 비핵심 위치를 결정		
SH사	액정 패널에 대한 대형화 기술의 노하우	회사의 브랜드보다는 제품 브랜드에 강한 경쟁력	액정 패널의 자사 일관 생산에 의한 가격 경쟁력		
SM사	세계 최대 규모의 연구개발 투자	이전의 저가 제품 이미지로부터 탈피하기 위해 노력중	대량 생산에 의한 강한 구매력		국내에서의 판매력은 아직 약함

※ ▉ 부분은 '강점'을 나타냄

지 모른다. 그 결과 최종적으로는 가격으로 승부하게 될 수밖에 없
게 된다. 작은 결점을 개선하려고 한 결과, 반대로 상황이 점점 더
악화되어 가는 것이다.

이처럼 자신의 강점을 확인하기 위해 자주 사용하는 도구가 기업
이 고객에게 부가가치를 전하는 흐름을 개념도로 나타낸 비즈니스
시스템이다(62페이지의 [도표 9]를 참조).

예를 들어 제조업의 부가가치 흐름은 '① 신기술의 씨앗을 만드
는 연구개발 → ② 상품을 포장하는 상품 기획과 설계 → ③ 상품의
원자재 조달 → ④ 상품의 제조 → ⑤ 상품을 고객에게 인지시키는
마케팅 → ⑥ 대리점 등에서의 영업과 판매 활동 → ⑦ 지원' 등의
사후 관리이다. 이러한 흐름을 진지하게 그려보고 각각의 기능 별
로 자사와 다른 회사를 비교해 보면 된다.

이처럼 자사와 경합하는 비즈니스 시스템을 열거해 보면 자사의
강점과 약점이 명확해진다. 강점을 살리면서 경쟁하는 것이 올바른
전략이다. 이처럼 활용해야 할 강점을 세련되게 표현하자면 경쟁력
의 원천 또는 KSF(Key Sucess Factor : 핵심적 성공 요인)가 된다. 따라
서 기업을 강하게 한다는 것은 곧 KSF를 강화하는 것이다.

포인트 8 경쟁사와 손을 잡는 것도 생각하라

경쟁이라고 해서 경쟁만 하는 것이 능사는 아니다. 협력해야 할
때가 있으면 솔직하게 손을 잡으면 된다.

예를 들어 소니는 와이드 화면 텔레비전에 사용되는 액정을 경쟁
상대인 삼성(한국)에서 조달하고 있다. 소니의 KSF는 브랜드 가치

와 화상처리 소프트웨어 개발력이다. 액정 패널을 라이벌 사로부터 조달해도 충분히 차별화할 수 있는 것이다. 삼성 측에서도 소니가 가진 유통망을 활용하여 액정 패널의 출고량을 늘리게 되므로 득이 되며 기술력에도 가치(=브랜드 가치)가 붙는다.

그밖에도 식품 제조업체가 유통 과정에서 공동으로 배송하거나 금융기관이 공동으로 전산 센터를 운영하는 등 경쟁 상대와 손을 잡는 사례는 많다.

물론 KSF가 되는 경쟁 종목(소니와 삼성의 경우는 상품 기획)에서는 손을 잡지 않는다. 이것은 시장 원리에 상반될 뿐만 아니라 자신의 주력 분야에서 타사와 협력하는 것은 회사를 망치는 것과 같다. 협력해야 할 부분이란 투자할 가치가 적거나 무의미한 경우, 또는 외부 업체에 위탁해도 괜찮다고 생각되는 분야를 의미한다.

사례연구에서 예를 든 쓰보타의 경우, 장래 경쟁 업체가 될 지도 모르는 센사기연(千差技硏)이나 다이코(大幸) 서비스와 협력할 수 있을 것이다. 센사기연이 개발하고 있는 DNA 센서를 쓰보타의 제품에 탑재하여 판매한다거나 검사 대행 회사인 다이코 서비스에 쓰보타의 기계를 이용한 검사 서비스를 제공하는 협력 방법을 고려할 수 있다. 이와 관련된 사항은 4장의 '자신을 돌아보는 조직의 전략 사고'에서 다시 한 번 언급한다.

2장 벌레의 눈으로 관찰하는 마케팅 전략사고

- 고객의 기대를 실현하라

1

상황 ②:
쓰보타 의료기기 사업부 기획실에서

장소는 1장에 이어 쓰보타의 기획실이다. 고쓰보 주임이 다이쓰보 실장에게 전 날의 경영 전략 연수에 관하여 이야기하고 있는데, 연수 내용에 조금 불만이 있는 듯하다.

쓰보타의 고객은 누구일까?

고쓰보 주임 : "실장님! 어제의 연수는 기대하고 있던 마케팅이었습니다. 강사의 설명은 흥미로웠습니다. 하지만 결론이 '가장 중요한 것은 고객이다' 라는 당연한 이야기여서 조금은 실망스러웠습니다. 마케팅에 관한 최신 이론을 듣고 싶었는데…."

다이쓰보 실장 : "그래? 유감스럽군! 하지만 정말 고객에 대하여 깊게 생각하기 시작하면 굉장히 깊을 것이라는 생각을 하지. 그렇다면, 우리 회사의 고객은 누구일까? 말해 줄 수 있겠나?"

고쓰보 주임 : "실장님! 저를 바보로 아시는군요! 쓰보타의 검사

장비를 이용하는 것은 환자가 아니겠습니까? 그러니 당연히 우리 회사의 고객은 환자지요!"

다이쓰보 실장 : "그렇다면 환자가 쓰보타의 제품을 구입하는 것인가?"

고쓰보 주임 : "음, 그러고 보니 제품을 구입하는 것은 병원이군요. 병원이 고객이라고 말씀하시는 겁니까?"

다이쓰보 실장 : "병원이라고만 해서는 아직 고객의 실체를 알 수 없는데, 좀 더 구체적으로 말하자면 누구일까?"

고쓰보 주임 : "규모가 큰 병원이라면 사무국의 직원들이고, 규모가 작은 병원이라면 경영자인 의사가 구입 여부를 결정할 것입니다. 이들이 쓰보타의 고객일까요?"

다이쓰보 실장 : "아마도 그렇겠지! 그럼, 지금 개발중인 '가정용 피로도 측정기'의 고객은 누구일까?"

고쓰보 주임 : "그건 간단합니다. 고객은 일반 소비자입니다. 그들이 구입하니까요! 기업용 B2B 상품이 많은 쓰보타로서는 최초의 소비자용 B2C 상품이지요."

다이쓰보 실장 : "그렇다네. B2B와 B2C라…. 공부를 많이 했군. 하지만 잠깐만! 구입은 소비자가 하지만 쓰보타에서 그들에게 직접 판매를 할까?"

고쓰보 주임 : "아뇨! 쓰보타가 상대하는 도매점은 주로 가전 양판점입니다. 그렇다면 어떤 의미에서는 그들이 고객이 되겠네요!"

다이쓰보 실장 : "그렇지! 이처럼 구매자와의 사이에 판매 채널이 있는 경우를 'B2B2C(Business To Business To Customer)'라고 하는 모양이던데, 이 경우에는 유통 경로와 최종 소비자 모두가 고객이

라고 할 수 있겠지"

고객 자신도 알지 못하는 요구를 파악하라

다이쓰보 실장 : "고쓰보 주임! 그런데 고객은 어떤 점에 이끌려서 야스이 사의 제품보다 비싼 우리 쓰보타의 제품을 선택할까?"

고쓰보 주임 : "나카유키 영업부장님께서 항상 하시는 말씀처럼, 역시 최첨단 기술을 채택한 센서와 정확한 측정 정밀도 때문이라고 생각합니다."

다이쓰보 실장 : "정말 그럴까? 나카유키 부장은 상당히 합리적이기는 해도 그것은 회사 내에서 나오는 하나의 의견일 뿐이지. 고객을 대상으로 진짜 이유를 들어보는 것이 어떨까?"

(수일 후)

고쓰보 주임 : "저번에 말씀하신 건인데, 쓰보타의 제품을 이용하는 의사 다섯 분에게 물어보았습니다. 처음에는 쓰보타의 기술력을 높이 평가한다고 하더군요. 그래서 역시 나카유키 부장님이 말씀하신 것이 옳다고 생각했습니다. 그래서 확인을 위해 다시 한 번 '구체적으로는 어떤 기술력입니까?' 라고 물었더니, 결국 진짜 이유는 '조작하기 쉽고 애프터 서비스가 친절하다는 점', '고장이 날 경우, 휴일에 상관없이 수리해 주는 점' 인 것으로 확인했습니다. 또 어느 기종을 구입할 것인가를 선택할 때에도 영업 담당자의 이야기보다는 동료 의사들 간의 평가가 구매를 결정하는 가장 큰 요인이었습니다. 나카유키 부장님의 말씀도 전부 맞는 것은 아니지만, 정작 의

사들도 자신들의 요구를 잘 모르고 있는 듯합니다."

다이쓰보 실장 : "역시 고쓰보 주임이로군. 의문을 단편적으로 물어보지 않고, 좋은 공부를 했군. 역시 회사에서는 고객의 요구를 제대로 알지 못하고 있지. 나카유키 부장에게는 내가 잘 전해 주겠네."

고쓰보 주임 : "그리고 의사들에게 물어 보는 도중에 깨달은 것이지만, 실제로 쓰보타의 매출에 가장 기여하는 부문은 대수롭지 않게 여기기 쉬운 콜 센터나 기술 지원일지도 모르겠어요. 그들도 영업의 최일선에 있는 것과 같으니까요."

고객을 나누어서 생각해 보라

다이쓰보 실장 : "고쓰보 주임! 상품기획부의 우리타 과장이 상담을 해 왔는데, 전에 말한 가정용 피로도 측정기를 판매하기 위한 기획이 잘 안 되는 모양이야. 좀 도와 주길 바라던데…."

고쓰보 주임 : "그렇군요. 분명히 우리 회사 최초의 B2C 상품이어서 우리타 과장님도 곤란해하고 계시는군요. 그렇다면 어떤 방식으로 접근하는 것이 좋을까요?"

다이쓰보 실장 : "이번에야말로 고쓰보 주임이 매일 받고 있는 연수의 성과를 활용해 보았으면 좋겠는데…."

고쓰보 주임 : "강사님께서는 '마케팅의 첫걸음은 먼저 가까이에 있는 고객의 목소리를 듣는 것'이라고 말씀했습니다. 마침 휴일인 내일은 부모님께 다녀올 예정입니다. 생생한 현장에서 고객의 목소

리를 들어보겠습니다."

(월요일)

다이쓰보 실장 : "좋은 아침이야! 주말은 잘 쉬었나?"

고쓰보 주임 : "네. 오랜만에 부모님 집에 가니 좋더군요. 그런데 지난번에 말씀하신 피로도 측정기에 대해서 여쭈어 보았더니, 아버님께서는 '수치가 디지털로 표시되면 행동의 판단 기준으로 삼을 수 있어서 좋겠다' 라는 말씀을 하시더군요. 하지만 어머니께서는 피곤함을 없애주는 기계나 건강 식품이면 좋겠지만, 수치만 나오는 것이라면 필요성을 느끼지 못하겠다는 냉담한 반응이었습니다. 그리고 여동생은 피로도를 수치로 알 수 있으면 일을 빨리 정리하거나 보조 식품을 먹거나 할 수 있어서 좋을 것이라는 관심을 보였습니다."

다이쓰보 실장 : "재미있는 결과로군. '중장년층 남성과 젊은 여성이 수요층' 이라는 가설을 세울 수 있겠어."

고쓰보 주임 : "그리고 저 자신도 센서 기술에는 흥미가 있습니다만, 구입을 생각한다면 그다지 내키지 않습니다. 젊은 남자들로만 구성된 우리타 팀에 정년이 가까운 임원이나 젊은 여성 사원을 참여시킨다면 좋은 아이디어가 나올 수 있을 것 같습니다."

2

강의 ②:
성숙의 시대, 마케팅은 더욱 중요해진다

성숙의 시대는 고객을 '신중하게' 생각해야 하는 시대

기업은 상품이나 서비스를 구입하는 고객이 있어야만 성립한다. 당연한 것을 가지고 시시한 이야기를 한다고 생각하지 말아 주길 바란다. 실제로 현실 세계에서는 고객을 진지하게 생각하고, 또 진정으로 잘 알고 있는 회사는 매우 드물다.

왜냐하면 성장의 시대에서는 고객에 대해서 몰라도 상관이 없기 때문이다. 성장의 시대란 왕성한 수요가 공급을 상회하는 시대이다. 알기 쉽게 이야기하면, 상품이나 서비스를 원하는 고객이 많아서 그것을 제공하는 회사가 오히려 행세하는 시대인 것이다. 소비자보다는 자동차 중개인이, 딜러보다는 자동차 회사가, 자동차 회사보다는 철강 회사가 그랬었다. 독점기업이나 공해를 내뿜는 대기업들이 당당하게 행세했고 소비자 개인은 실로 미약한 존재였던 것이다.

그러나 성숙의 시대에는 그러한 관계가 역전된다.

상품이나 서비스가 넘치는 반면에 고객의 수요는 갈수록 줄어든다. 인터넷을 통하여 서로 정보를 교환하는 소비자는 전문가 이상의 정보로 무장하고 있다. 성장의 시대에는 화제에 오르지도 못했던 리콜의 은폐는 대기업을 무너뜨릴 수도 있게 된다.

성숙의 시대에는 고객이 가장 강력한 힘을 갖게 됨으로써 고객을 신중하게 이해하지 못한다면 어떤 대기업이라도 무너진다.

고객을 소중하게 생각하지 않는 기업은 실패한다

성숙의 시대로 전환해 감에 따라 고객은 점점 강해지고 이기적으로 되어 간다. 시장의 최일선에서 일하는 영업자는 그러한 변화를 피부로 느낄 것이다. 그런데 회사 내부에만 관심이 있는 중간 관리자들의 인식은 여전히 변하지 않고 있다. 이들이 10년 전, 20년 전의 감각을 그대로 가지고 있는 한, 기업은 고객의 변화를 따라잡지 못하고 점점 악화되어 갈 것이다.

경영이 악화되고 있는 회사, 가망성이 없는 기업의 전형은 고객보다 기업이 중심에 있고, 무엇이든 알고 있다고 생각하는 기업이다. 고객의 진지한 의견을 듣고 싶어하지 않기 때문에 '브랜드'라는 자존심에만 집착한다. 즉 과거의 성공 체험에만 매달리는 것이다. 이런 기업에는 미래가 있을 수 없다.

닛산(日産) 자동차가 도산에 직면했던 1990년대, 회사 내에서 비인기 차종에 대한 정리와 통폐합에 관한 이야기가 나왔을 때에도 '그 모델은 아무개가 책임자였을 때 설계한 것으로서 닛산의 상징이므로 없앨 수 없다'라는 가당치 않은 이유 등이 버젓이 관철되었다. 고객보다(회사보다도) 회사 내부의 정치적인 판단이 우선이었던 것이다. 이래서는 기업의 상황이 악화될 수밖에 없다.

우리나라만의 이야기가 아니다. 1980년대 미국의 자동차 제조업체는 '미국인이 선호하는 것은 크고 호화로운 자동차'라는 것을 믿어 의심치 않았다. 그러면서 고품질에 연비가 뛰어난 일본산 소형차를 구입하는 소비자들을 우습게 여겼다. 기업이 기울어지는 것은 당연한 일이다.

1970년대에 초우량 기업의 대명사였던 미국의 IBM도 패권을 잡은 1980년대에는 '오만한 회사'의 대명사로 통했다. 줄곧 자사의 (고가의) 대형 컴퓨터가 최고라며, 하물며 타사 제품에 대해서는 장난감 같은 PC를 사용하는 어리석은 사람들이라고 무시한 결과, 1990년에는 파산의 위기에 직면하게 되었다.

닛산과 IBM이 외부에서 영입해 온 새로운 경영자가 최초로 손을 댄 부분은 출혈을 멈추게 하는 일, 즉 비용 삭감이었다. 출혈이 멈춘 다음에 손을 댄 것이 이익을 창출하는 일, 즉 고객의 요구를 만족시키고 멀어진 고객을 다시 불러들이는 일이었다.

닛산은 카를로스 곤 체제에 돌입한 후, 고객에게 어필하는 뛰어난 디자인의 자동차를 여러 종류 출시하였고, 폐지하기 직전이었던 '페어 레이디 Z(Fair Lady Z)'를 부활시켰다. IBM은 고가의 범용 컴퓨터를 강매하던 기업에서 탈피하여 고객이 원하는 부가가치를 제공하는 서비스 회사로 전환했다.

그밖에도 경영을 재건하고 있는 나가사키의 '하우스텐보스'가 심야 시간을 위한 엔터테인먼트를 시작함으로써 침체를 거듭하던 숙박 고객과 재방문 고객(= 수익의 원천)의 수를 대폭 늘릴 수 있게 되었다. 또 골프장에 대한 투자 실패 등으로 인하여 법정관리를 받던 '토하토' 사의 주력 상품인 '캐러멜 콘'의 포장을 쇄신하고 '폭군 하바네로'를 시장에 출시함으로써 부활하는 등 고객을 만족시킴으로써 부활한 사례는 거의 매일 미디어에 소개되고 있다. 고객의 소리에 진지하게 귀를 기울임으로써 기업이 벼랑 끝에서 회복하게 된 것이다.

마케팅이란 고객이 원하는 것을 이루어주는 것

마케팅이란 고객의 요구에 부응하는 것, 즉 고객 개개인의 생각, 바램, 기대를 실현해 주는 것이다. 단지 듣기 좋은 말을 하라는 것이 아니다. 마케팅의 본질은 이외에 그 어느 것도 아니다.

고객의 바램이란 반드시 사치스러운 것을 말하는 것이 아니다. 예를 들어 일반적인 백반을 파는 식당에 대한 고객의 바램은 언제나 맛있고, 빠르고, 저렴하게 음식을 제공받는 것이다. 맛있고, 빠르고, 저렴하게 제공할 수 있다면 고객은 만족한다. 엄선된 재료나 최고 수준의 요리사, 호화로운 인테리어, 퍼스트 클래스 급의 서비스 등은 바라지 않는다.

물론 고객의 기대는 사람마다 상황마다 다를 수 있다. 낮에는 일반적인 식당을 찾던 사람이라도 데이트를 할 때는 다소 비용이 들더라도(일반적인 식당에서는 요구하지 않았던) 질과 분위기를 요구할지 모른다. 이런 요구에 맞추지 못한다면 아무리 싸더라도 팔리지 않겠지만, 반대로 요구에 정확하게 맞고 기대를 웃도는 감동을 전할 수 있다면 가격이 비싸더라도 고객은 크게 만족할 것이다.

고객 개개인의 기대를 실현해 주기 위해서는 고객이 무엇을 원하는가를 파악하는 것에서 시작해야 한다. 생각해야 할 고객은 한 사람이다. 다른 사람이 어떻게 생각하든, 한 사람의 그(녀)가 기쁜 마음으로 돈을 지불할 수 있도록 상품이나 서비스를 설계해야 한다. 만인의 요구를 충족시키려고 하면 평균적인 상품과 서비스밖에 제공할 수 없다. 그런 것이라면, 결국 아무에게도 어필할 수 없다.

요구에 따라 구분한 세그먼트별로 접근하라

한 사람 한 사람의 요구를 충족시키는 것이 마케팅의 기본이다. 물론 현실적으로 한 사람 한 사람의 고객에 대응하는 상품을 설계할 수는 없다. 그러나 요구가 유사한 고객(= 세분화)별로 접근법을 바꿀 수는 있을 것이다.

[도표 5](40페이지)에 제시한 캔 커피의 예를 다시 떠올려보자. 그 열대 우림의 작은 시장 하나 하나가 세그먼트에 해당된다. 그리고 이 세그먼트별로 접근법을 바꿔야 한다.

어떤 식으로 세그먼트를 결정할 것인가와 결정한 세그먼트에 대하여 어떻게 접근해 갈 것인가에 대해서는 다음 단원에서 설명하겠다.

세그먼트 단위에서 고객 한 사람 한 사람 단위의 마케팅으로

최근 IT 기술이 진보함에 따라 세그먼트 단위의 요구가 더욱 진보하여 고객 한 사람 한 사람의 요구에 부응하고자 하는 마케팅 방법이 등장하고 있다(78페이지의 [도표 10] 참조).

기본이 되는 것은 ① 개별 고객을 식별하는 원투원 마케팅이며, 그것을 응용한 ② 유사한 속성을 가지고 있고, 유사한 행동을 하는 고객을 새로운 세그먼트로 보는 데이터 베이스 마케팅, ③ 지금까지의 구매나 서비스 경력을 바탕으로 최선의 제안을 하는 고객 관계 관리(CRM=Customer Relationship Management) 등이 있다.

예를 들어 통신판매를 생각해 보자. 주문 전화를 걸면 세세하게 설명하지 않아도 콜렉터 직원이 이름이나 주문 이력 등을 통해서 지금까지 주문 내용의 모든 것을 파악하고 있다(①, ③). 또한 콜렉터 직원은 고객으로부터 주문을 받으면서 이전에 주문한 상품에 대하여 묻거나 소모품의 경우라면 "아직 남았습니까?"라고 묻는 등(③), 고객이 흥미를 가질 만한 다른 상품을 소개하기도 한다(②).

인터넷은 최신 마케팅 기법을 테스트해 보는 시험장이라고 할 수 있다. 아마존에서 책을 구입하는 장면을 떠올려 보자. 로그인을 하면 지금까지의 주문 이력을 바탕으로 자동적으로 권장 도서 등이 소개된다(①, ②, ③). 타이틀이나 저자 이름으로 검색하거나 주문 화면으로 진행하면 주문한 도서 이외에도 관련 도서나 서평이 표시된다(②).

또한 인터넷을 통해 처음으로 실현된 '퍼미션 마케팅'이라는 방법도 있다. 지금까지의 마케팅이 고객에게 '이해해 달라! 사 달라!'

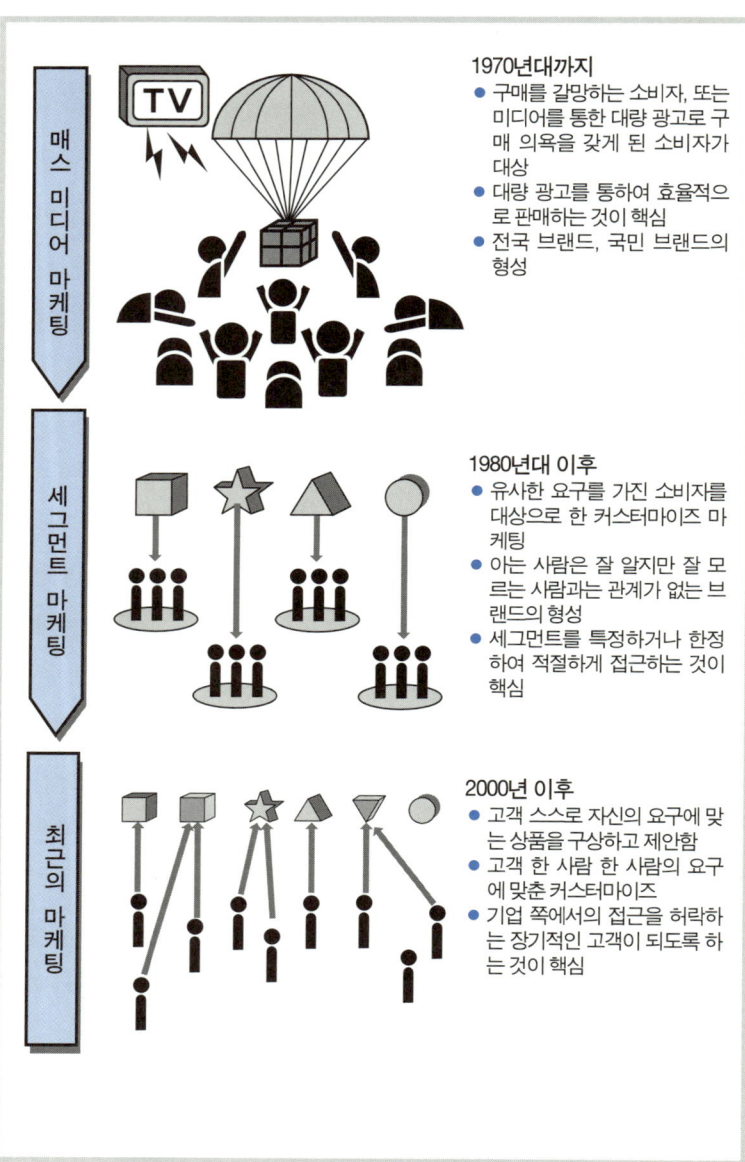

매스 미디어 마케팅

1970년대까지
- 구매를 갈망하는 소비자, 또는 미디어를 통한 대량 광고로 구매 의욕을 갖게 된 소비자가 대상
- 대량 광고를 통하여 효율적으로 판매하는 것이 핵심
- 전국 브랜드, 국민 브랜드의 형성

세그먼트 마케팅

1980년대 이후
- 유사한 요구를 가진 소비자를 대상으로 한 커스터마이즈 마케팅
- 아는 사람은 잘 알지만 잘 모르는 사람과는 관계가 없는 브랜드의 형성
- 세그먼트를 특정하거나 한정하여 적절하게 접근하는 것이 핵심

최근의 마케팅

2000년 이후
- 고객 스스로 자신의 요구에 맞는 상품을 구상하고 제안함
- 고객 한 사람 한 사람의 요구에 맞춘 커스터마이즈
- 기업 쪽에서의 접근을 허락하는 장기적인 고객이 되도록 하는 것이 핵심

라는 등의 푸시(push)형 판매 방식이었던 것에 비해, '알고 싶다면 무엇이든 가르쳐 드리겠습니다' 라는 풀(pull)형 접근 방식이다.

예를 들어 당신이 '맛있는 라면을 좋아한다', '호텔을 예약하고 싶다', '멋진 연애 소설을 읽고 싶다' 라는 생각으로 검색하면 관련 포털 사이트를 통해서 종업원의 친절도나 다른 사람들이 추천하는 글들을 읽어볼 수 있다. 일방적인 홍보성 글이 아니라 개선을 요망하는 글이나 그에 대한 업소의 답변도 읽어볼 수 있다.

또한 등록해 두면 다양한 정보를 이메일로 보내주기도 한다. 대부분 불필요한 정보지만 전화 권유나 정크 메일과 달리 원래 자신이 등록한 것이고 필요하지 않으면 일부만 읽고 나머지는 삭제하면 된다.

그런데 이처럼 IT를 이용한 최첨단 마케팅 기법도 사실은 어디서나 볼 수 있었던 것들이다. 사실 시장의 생선 가게에서는 단골 고객 개개인의 속성이나 구매 이력을 바탕으로 "오늘은 다랑어가 물이 좋아요!"라고 말을 걸거나 진귀한 생선이 들어올 때에는 고객에게 요리법을 알려주기도 했다.

마케팅의 기본은 한 사람 한 사람을 만족시킬 수 있는 커뮤니케이션이다. 그런데 IT 시대가 되어서야 겨우 마케팅 본래의 원점으로 되돌아오게 된 것이다.

3

벌레의 눈으로 고객을 관찰하는
11가지 포인트

이와 같은 마케팅 전략을 위해 파악해 두어야 할 포인트는 모두 11가지이다. 이 11가지를 '고객의 기대를 파악하는 포인트', '고객을 니즈에 따라 구분하는 포인트', '고객에게 메시지를 전달하는 (브랜드와 가치 전략의) 포인트' 의 세 가지 범주로 크게 나누어 설명하도록 한다.

고개의 '니즈' 를 파악하는 포인트

고객이 원하는 것이 무엇인가를 알고 있는 기업은 많지 않다. 그러나 고객이 진정으로 바라는 것을 알게 된다면, 훨씬 더 원활하게 비즈니스를 전개할 수 있다.

포인트 9 기업의 의식이 고객의 요구와는 차이가 있음을 인정하라

대부분의 사람이 '자신의 회사는 어느 정도 고객의 요구를 파악

하고 있다' 라고 생각한다. 그러나 현실은 이와 다르다. 대부분의 회사는 고객의 요구를 자기 방식대로 결정하면서 '고객의 요구를 잘 알고 있다' 라고 생각할 뿐이다.

"고객을 항상 생각하고 있습니다" 라고 자신 있게 말하는 사람도 있다. 그러나 이 사람들의 대부분은 '우리가 개발한 편리한 새로운 기능, 새로운 서비스를 고객에게 제공한다' 라는 문맥 안에서 고객을 생각하는 것에 지나지 않는다. 이것을 기업의 편의주의라고 말할 수 있다. 고객이 아닌 회사를 주체로 생각하기 때문이다.

전형적인 착각의 예가 '기술 하나면 충분하다' 라는 상품일 것이다. 예를 들어 '캡틴 시스템(死語)' 이라는 말로 시작하는 통신 기능이 부여된 가전제품이나 전자화폐, 전자 북, 인텔리전스 홈 등은 1970년대부터 화제가 되었지만, 지금까지도 큰 시장을 형성하지 못하고 있다. 분명 최신 기술이 가미되어 '없는 것보다는 편리' 하지만, '실생활에 있어 무엇이 좋은가?' 라는 소박한 질문에 제대로 된 대답을 하지 못하기 때문일 것이다.

또한 고객의 관점에서 사물을 볼 수 있는 기업은 많지 않다. 그러나 이것은 어쩔 수 없는 측면도 있다. 조직 안에서 일을 하고 있으면 자연히 조직이나 업계의 상식에 물들게 된다. 기업의 논리, 자사의 조직, 자사의 관점에서 모든 것을 생각하게 된다. 그리하여 점차 고객의 관점과 멀어지고, 괴리가 있는 이유를 붙여서 조직의 논리를 정당화하게 된다.

이렇게 되면 고객이 지닌 소박한 불만이나 의문에 관해서도 업계에서 일하는 사람은 아무런 문제도 느끼지 못하게 된다. 지금까지 계속 같은 방식으로 해 왔으며, 업계의 다른 회사들도 그러한 틀 안에서 경쟁하기 때문이다. 그리고 나서는 마침내 '고객의 요구는 이런 것'이라고 스스로 결정해 버린다.

은행의 ATM을 예로 들어보자. 1990년대 후반까지 대다수의 ATM이 일요일에는 사용이 불가능했고, 평일에도 오후 6시에는 문을 닫아버리는 물건이었다. 금요일 오후가 되면 금전을 인출하려는 고객으로 ATM기 앞은 매우 혼잡했었다.

은행은 그런 상황에 대하여 '우리나라 사람은 외출할 때 현금을 충분히 휴대하는 습관이 있다'라고 설명해 왔다. 재무성의 규제 때문에 어쩔 수 없다고 정면으로 반박할 수 없는 사정은 이해할 수 있다. 그러나 놀라웠던 것은 대부분의 은행원들이 그 시기의 불편하기 그지없는 ATM기의 올바른 시책으로 파악하고 있었다는 사실이다. 은행원이었던 친구가 ATM기의 심야 영업을 해서는 안 되는 이유에 대해 당당하게 설명하던 모습이 떠오른다.

그러나 시티 은행이 ATM기의 심야 영업을 시작하면서 국내 은행들도 지금까지의 설명을 번복하고 고객 만족도를 향상시키기 위해 일제히 ATM기의 심야 영업을 시작한 것이다. 오늘날에는 편의점에서도 24시간 ATM기를 사용할 수 있다. 예전의 그 설명은 어디로 사라진 것일까?

은행은 뻣뻣하게 영업하는 곳이기 때문에 고객에 대해 잘 모른다고 말하려는 게 아니다. '손님이 왕'이어야 할 소매점의 경우에도 황당한 일화는 얼마든지 있다(이 책 말미의 '북 가이드'에서 소개하는 『왜 이 가게에서 사게 되는 것일까?』라는 책을 참조).

실제로 필자가 담당하는 연수에서도 '고객으로부터 출발한다'라는 연습을 시작하면 5분도 지나지 않아 수강자의 대부분이 평소의 자기 습관으로 돌아가 버린다. 예를 들어 디지털 카메라 제조업체에 근무하는 사람이라면, '여행용 디지털 카메라에 대한 상품 기획'이 '몇 백만 화소인가, 몇 배 줌인가'라는 주제로 변해버린다. 이런 모습을 보면 정말 실망스럽다.

또 새로운 시책을 제안하도록 하면 '고객을 불러들이기 위해 출장소를 개설하자' 혹은 '광고 전단을 배포해서 홍보하자'라는 방식에 그칠 뿐, 그 이상의 것을 생각하려 하지 않는다. 그들은 정말로 출장소를 개설하면 고객이 저절로 찾아오거나 광고 전단을 배포하면 문의가 들어올 것이라고 생각하는 것이다.

이것은 '콘서트 홀을 만들면 시민이 음악을 들으러 오고, 도로를 만들면 자동차가 달리게 될 것이며, 시스템을 도입하면 기업이 사용하게 될 것이다'라고 생각하는 정부기관의 발상과 흡사하다. 이런 말들을 듣게 될 때마다 머리가 지끈거린다.

사용자의 생활을 고려한다면 '거실'이나 '가족용 상품'과 같은 틀에 박힌 용어를 아무렇지도 않게 사용하는 사람들이 적지 않다. 대가족이 모이는 거실 따위는 이제 천연 기념물이나 다름없기 때문이다.

1970년대라면 부부와 자녀 2명의 핵가족이 일반적인 모습이었을지도 모른다. 그러나 예를 들어 오늘날 회사 안의 30대를 둘러보았을 때, 그런 사람들이 얼마나 있는가를 세어 보자. 가족조차도 전멸의 위기에 놓여 있는 종(種)일지 모른다. 그런데도 거실, 가족 등과 같이 얄팍하고 현실감이 떨어지는 환상을 대다수(그것도 젊고 머리가 좋은)의 비즈니스맨들이 지금도 태연하게 가지고 있는 것이다.

다시 한 번 강조하지만, 당신 그리고 당신이 속한 회사는 고객에 관해서 아는 것이 아무것도 없다. 적어도 당신이 생각하는 것만큼 알고 있지 않다. 만약 '그렇지 않다' 라고 주장하고 싶다면, 먼저 자신의 아내(혹은 남편, 애인, 부모, 자녀)에게 당신이 생각하고 있는 상품이나 서비스의 매력을 설명하고 그 반응을 살펴 보라. 당신이 생각하는 그런 대답이 돌아올 것 같은가?

그들은 아마도 당신에게 가장 가까운 이해자일 것이다. 그렇게 가까운 이들에게 어필하지 못하는 상품을 전혀 모르는 타인에게 판매할 가능성이 보일까? 가장 가까운 이들의 의견을 솔직하게 받아들이면 고객에 대해서도 눈을 뜨게 될 것이다.

포인트 10 한 사람 한 사람을 주연으로 한 '스토리' 를 만들어라

고객의 요구를 파악하기 위해 먼저 고객 개개인의 구체적인 생활을 그려보자. '이 사람은 어떤 사람이고 항상 어떤 생활을 하는지, 무엇에 흥미가 있고, 무엇이 갖고 싶고, 어떤 물건을 사고, 어떤 서비스를 사용하는지, 무엇이 불만이고 무엇에 즐거워하는지' 등 고객을 주인공으로 하는 스토리를 생각하는 것이다. 당신이 속한 회사에서 제공하는 상품이나 서비스는 그 이야기 안에 우연히 등장하는 보잘 것 없는 단역에 지나지 않을 것이다.

그럼 여기서 쓰보타의 피로도 측정기를 구입하는 고객에 관하여 가설 수준에서 한 번 상상력을 발휘해 보자.

첫 번째 주인공은 오지 씨다. 중견 기업에 근무하는 50대 전반의 남성 관리직으로 일하고 있으며, 부자라고 할 수는 없지만 주택 구입에 들어간 대출금과 자녀 교육비 지출도 거의 끝나가고, 구조

조정에 관한 걱정도 현재로서는 없다. 오지 씨에게 이야기를 들어보자.

"지난달에 있었던 건강 검진에서 간장의 수치가 예상외로 나빴던 것은 조금 충격적이었어. 지금까지는 골프를 치고 난 다음에 피로감을 조금 느낄 정도였는데, 역시 나이를 먹은 모양이야. 분명히 젊었을 때처럼 무리하기도 힘들어졌고…. 그러고 보니 지난주 골프 시합 후, 클럽 하우스에서 '당신의 피로를 측정해 드립니다' 라고 씌어진 코너에 다른 부서 사람들이 모여 있는 것을 보고 무언가 궁금했었는데, 어제 대형 슈퍼마켓에 간 김에 디지털 카메라를 보려고 야마다 전기에 들렀더니 '가정용 피로도 측정기' 라는 걸 팔고 있더군. 언뜻 보니 간장의 피로와 골프 후의 피로, 업무의 피로를 확실하게 구별해서 측정할 수 있는 기계인 것 같았어. 그것도 최첨단 의료용 반도체 센서를 사용하고 있다고 하더군. '쓰보타' 사라고 했었나, 들어본 적이 없는 제조업체였는데, 세계적으로 권위가 있는 상을 수상해서 「닛케이 비즈니스」에도 소개된 회사라고 하더군. 은색의 디자인도 나쁘지 않고, PC에도 연결할 수 있는 고기능 제품이라고 하며 4만 엔(실제론 49,800엔)으로 싸진 않지만, 집안의 대들보인 내 건강 관리와는 바꿀 수 없지. 다음 번에 들리면 점원에게 좀더 상세한 설명을 들어봐야겠어."

오지 씨는 센서의 구조도 잘 모르는 것 같았고, 아마 PC에 접속하는 기능도 사용할 줄 모를 것이다. 하지만 '최첨단 기술과 고기능' 그리고 '해외 수상과 닛케이 보도의 권위' 라는 문구가 그를 사로잡는다. 제품 디자인도 블랙이나 실버를 기조로 한 메카닉 디자인을 채용함으로써 고급 기능을 연상시키는 것이 좋아 보인다. 이름도 고기능과 최첨단을 떠올리게 하는 세련된 것이 좋다. 행여라도 '피곤함을 덜어주는 기기'라는 등의 달콤한 상술을 펼치는 것은 금물이다. 가전 양판점의 점원 교육에 만전을 기해야 한다.

또 오지 씨가 원하는 것은 기껏해야 술을 삼간다거나 골프를 치기 위한 동기 부여이다. 피로도 측정기의 건강 메뉴 기능을 너무 강조하여 무리한 운동이나 본격적인 다이어트를 제안하면(그것이 필요하면 할수록) 오지 씨는 피로도 측정기를 두 번 다시 사용하려고 하지 않을 것이다.

두 번째 주인공은 히메이 씨로 하자. 30대 전반이며 도심에 위치한 기술계 회사에 근무하는 여성이다. 남자 친구는 있지만 아직 결혼할 생각은 없다. 그런 히메이 씨의 독백을 들어보도록 하자.

"최근에는 회사에서도 피곤한 일이 많아. 이젠 20대도 아니고. 오지부 부장은 주말에 골프를 해서 피곤하다는 등 배부른 소리를 하지만, 이쪽은 업무에 지쳐 있는 거라고. 피곤하니까 피부에도 문제가 생기고, 정말 속상해. 그러고 보니 지난번 「Domani」지에 피로 측정에 관한 특집이 실렸었지. 피로를 측정하여 알람이 울린 사람을 온천에 초대하는 기획이었고, 시로하다 온천이 효과가 좋다고 적혀 있었어. 인터넷으로 검색해 볼까?"

히메이 씨는 쓰보타의 피로도 측정기를 기억하고 있지 않았다. 그러나 인터넷을 보면 생각나게 될 것이다. 그렇다면 그녀에게는 어떻게 어필하면 좋을까?

히메이 씨에게 맞는 제품은 자신의 집에 잘 어울리고 지적인 캐리어 우먼의 이미지를 가진 디자인이 좋을 것이다. 가능하다면 사무실에 휴대하기에도 위화감이 없는 크기와 디자인이 좋겠다. 여성용이라고 해서 분홍색으로 해서는 안 된다. 사이가 좋은 동료와 함께 있을 때 화제가 될 수 있는 기기가 바람직하다.

제품의 이름도 지성과 치유의 이미지가 있고 여성적인 것을 선택하는 것이 좋다. 지나치게 귀엽고 소녀적인 취향의 제품 이름이나 20대가 선호하는 점술 기능 등은 금물이다.

광고 수단도 중요하다. 여성지나 텔레비전 취재, 피부 관리실 등과의 제휴를 생각한다면 세부적인 사항까지 확실하게 해 두어야 한다. 여성 잡지라도 「Hanako」, 「OA magazine」, 「Domani」 등 커리어 우먼을 대상으로 한 잡지로 한정하는 것이 좋을 것이다. 일반직에 근무하는 여성들이 주로 시청하는 밤 9시 이후의 드라마에서 광고하는 것은 효과가 없을 것이다(바쁜 여성은 그 시간에 집에 들어갈 수 없다). 피부 관리실이라도 피부만을 관리하는 곳이 아닌 아로마 세라피나 반사 요법 등 피로를 느낀 여성이 모이는 피부 관리나 발마사지 등을 하는 업소가 더 효과적일 것 같다.

고기능의 상품이나 건강 관련 상품은 인터넷으로 비교하는 것이 오늘날의 상식이라고 할 수 있다. 또 세련된 웹사이트를 개설하여 알기 쉽게 상품을 설명하는 것은 필수적이다. 이용자가 질문을 올리고 그에 대해 제조업체가 답변하는 코너도 만들어야 하지만, 질문에 대한 대응이 부실하면 오히려 역효과를 낸다. 또한 여고생들로 떠들썩거리는 듯한 사이트 운영은 좋지 않다.

고객의 이야기를 생각할 때 중요한 것은 고객이 원하고 있는 것은 자신의 생활 안에서 자신의 목적을 달성하기 위한 해결책이라는 것이다. 오지 씨가 원하는 것은 자신의 건강에 대한 관심을 충족시키는 것이고, 히메이 씨가 원하는 것은 피로나 거칠어진 피부에 대한 해결책이다.

어느 쪽도 피로도 측정기 자체를 원하는 것 같지는 않다. 그들에게 피로도 측정기와 그 기능을 어필하여 판매하려고 해도 이해하지 못할 것이며 흥미나 관심을 나타내지 않을 것이다. 잘못된 방식으로 접근하게 되면 오지 씨는 같은 5만 엔으로 골프 클럽을 사게 될 것이다. 히메이 씨는 온천에 대한 관심으로 피로도 측정기에 대한 것을 잊어버리고 말 것이다.

그밖에도 피로에 지친 30대 비즈니스맨을 위한 제품, 건강에 관심이 많은 60대의 노년층을 위한 제품 등 각각의 고객에 관한 이야기를 상상하면서 그들로 하여금 피로도 측정기를 인지할 수 있도록 전개하는 것이 좋다.

Column	고객의 요구를 어떻게 받아들일 것인가?

심층적인 인터뷰를 통해서 파악하라

고객의 요구를 확인해 보자고 하면 반사적으로 '설문 조사를 실시하자' 라는 의견이 나온다. 그러나 설문 조사로는 고객의 요구를 제대로 파악할 수 없다. 특히 '좋다' 에서 '나쁘다' 까지 5단계로 평가하도록 하는 설문은 아무런 의미가 없다. 가령 4단계라고 해도 사람에 따라서는 '훌륭하다' 부터 '그럭저럭 괜찮다' 까지 의미가 전혀 다르다. 1단계를 받았다고 해도 그렇게 평가한 이유를 알지 못하면 손 쓸 방법이 없다. 그리고 갑자기 마지막의 '자유 의견' 항목에서 '어떻게 생각하십니까?' 라고 막연한 질문을 던져봐야 질문을 당한 고객은 답변하기 곤란할 뿐이다. 따라서 의미 있는 답변을 기대할 수 없다.

앞서 등장한 오지 씨, 히메이 씨도 자신의 독백을 언어화하고 있지 않다. 쓰보타의 피로도 측정기에 흥미를 갖게 된 경위를 본인이 세세하게 의식화하고 있을 리가 없다.

그런 고객의 생각을 확인하는 수단이 '심층 인터뷰' 이다. 표면적인 것만을 묻는 것이 아니라 '왜 그렇게 하는지', '만약 조건이 달라지면 어떻게 할 것인지' 등 이유나 배경이 되는 이야기를 포함하여 고객 자신도 언어화하지 않고 있는 이유를 꼼꼼하게 파악해 가는 방법이다.

고객의 소리를 너무 정직하게 받아들이지 마라

고객의 소리에 귀를 기울이는 것은 바람직하지만, 그렇다고 지나치게 의식해서 휘둘리는 것은 좋지 않다. 예를 들어 피로도 측정기에 관해 각각의 개별적 요소를 물으면 '가격은 싼 편이 좋다', '정밀도는 높은 편이 좋다', '기능은 많은 게 좋다' 등 다양한 결과가 나오게 된다. 당연한 일이다.

그러나 이처럼 의견 하나 하나에 진지하게 대응하기 시작하면 끝이 없다. 고객이 요구하는 것은 제품의 사양이 아니라 자신의 기대감을 충족시키는 것이기 때문이다.

1970년대 말의 워크맨 개발에 관한 일화가 좋은 사례일 것이다. 워크맨은 출시한 후 크게 히트한 상품이었지만, 사전 마케팅 조사 결과에서는 한결같이 '이 상품은 판매가 불가능하다' 라는 결론이 나왔다고 한다.

고객들은 '휴대용으로 가볍지만 녹음 기능이 없는 테이프 재생기' 라는 점에는 전혀 흥미를 나타내지 않았지만, '언제 어디서나 좋아하는 음악을 들을 수 있는 세련된 전자제품' 에는 열광하게 된 것이다.

고객을 요구에 따라 구분하는 포인트

'고객을 요구에 따라 세분화하라' 라고 하면 조건 반사적으로 고객을 성별, 연령별, 지역별, 연봉별 등의 속성으로 나누려고 한다. 그러나 이것은 잘못된 생각이다. 중요한 것은 고객의 요구에 따라 나누는 것이며, 그렇기 때문에 각각으로 나누어진 세그먼트에 가치가 있는 것이다. 세그먼트로 나누기 위한 구체적인 포인트를 몇 가지 살펴보도록 하자.

포인트 11 구매를 결정하지만, 이용자가 아닌 경우도 있다

고객이란 구매를 결정하는 사람이다. 사례 연구에서 다이쓰보 실장과 고쓰보 주임의 대화에 등장한 쓰보타의 검사 장치의 경우, 고객은 기계를 사용하는 환자도 간호사도 아닌 기계를 구입하는 의사이다. 그것도 신참 의사가 아닌 구매 결정권이 있는 높은 지위의 의사인 것이다.

이것을 조금 과장하면 얼마 전까지 자주 풍자되었던 제약 회사의 영업사원과 같다. 그들은 하루 종일 병원 대합실에 앉아서 기다리다가 높은 지위의 의사가 나타나면 달라붙어 약품을 판매한다. 주말에도 의사들을 위한 골프 접대 등으로 바쁘다. 젊은 의사도(나중에 높아질 수 있기 때문에) 정중하게 대하지만, 약품을 주사하는 간호사나 약을 투여 받는 일반 환자는 그들의 관심 대상이 아니다. 그렇지만 할 수 없다. 간호사나 환자는 그들의 고객이 아니기 때문이다. 구매를 결정하는 사람과 제품을 이용하는 사람이 다르면 이처

럼 만화 같은 상황도 발생할 수 있다.

쓰보타의 가정용 피로도 측정기와 같은 일반 소비자를 대상으로 한 상품이나 서비스는 대부분이 소매를 통하여 최종 소비자에게 상품이 전달되는 B2B2C 비즈니스이다. 이러한 경우에는 실질적으로 비즈니스를 좌우하게 되는 것은 판매 대리점이나 편의점 등의 유통 경로가 대부분이다. 즉 유통 경로도 중요한 고객으로 생각해야 할 필요가 있는 것이다.

맥주 업계를 예로 들어보자. 유명 맥주 회사의 주력 상품은(적어도 내게는) 맛에 있어서는 차이가 별로 없다. 가격 면에서도 지금은 제조업체에 따라 약간의 차이가 있지만, 1990년대까지는(이유는 모르지만) 동일했다. 자신이 선호하는 특정 회사의 맥주를 구입하는 소수파 이외의 대다수 소비자는 점포에서 맥주를 고르게 된다.

그 결과 맥주나 발포주의 판매량은 유통 경로에 따라 정해진다. 어느 제품이든 실질적으로 큰 차이가 없다면 점포에서 권장하는 맥주, 또는 눈에 띄는 장소에 진열된 맥주를 구입하게 될 것이다.

얼마 전까지 최대의 유통 경로는 지방의 주류상이었다. 판매점은 자신에게 가장 이익이 되는 제품을 고객에게 권한다. 또한 특별한 관계에 있는 맥주 회사에 대해서는 주말 특별 판매 행사 등의 무리한 요구도 들어 준다. 그래서 맥주 회사 영업사원의 업무는 해당 지역의 주류상을 돌며 리베이트 교섭을 하고 운반 작업이나 청소를 도와주는 등 평소의 친분을 쌓아두는 일이 대부분이었다.

오늘날 최대의 유통 경로는 편의점이나 대규모 할인점일 것이다. 따라서 텔레비전을 통한 광고와 함께 그들과의 교섭이 맥주나 발포주의 매상을 크게 좌우한다.

가정용 전자제품에서도 유통 경로는 중요하다. 특정 회사의 가전 제품을 구입하는 사람은 소수파일 것이다. 대부분의 사람들이 점포에서 상품을 고르고, 반수 이상의 사람들이 구입 여부를 결정하지 않은 채 점포를 방문한다. 가전 제품의 판매에서는 제품 자체의 성능이나 디자인과 함께 판매점 점원이 판매를 위해 얼마나 노력하느냐가 판매를 좌우하는 포인트다. 따라서 판매원에 대한 교육과 성과급(판매 장려금)의 설정이 매우 중요한 요소가 된다.

포인트 12 '80 : 20' 의 법칙으로 승부하라

고객의 유형에 따른 이용 빈도나 구매량을 조사해 보면 대부분의 경우 20%의 주요 사용자가 전체 매출의 80%를 차지하는데, 이것을 '80 : 20의 법칙' 이라고 한다. 백화점, 가전 양판점, 음식점 등을 자세히 살펴보면 사람들은 익숙한 곳을 찾기 마련이다.

이러한 '80 : 20의 법칙' 이 존재할 경우에 20%의 주요 소비자(단골 고객)를 더욱 중시하기보다는 수적으로 많은 80%의 일반 소비자를 개척하고 싶어진다. 그러나 이것은 잘못이다. 왜냐하면 (93페이지의) [도표 11]처럼 주요 소비자는 일반 소비자에 비해서 평균 16배를 구입하고 있기 때문이다. 주요 소비자야말로 이익의 원천이라고 할 수 있다. 뿐만 아니라 신규 고객을 한 사람 획득하기 위해서는 기존의 고객 10명을 유지하는 것보다 훨씬 더 많은 비용이 든다. 때문에 고객을 평등하게 대우할 수는 없다. 특별 할인이나 특별 서비스로 주요 소비자의 만족도를 우선적으로 높이는 식으로 유지하는 것이 좋다.

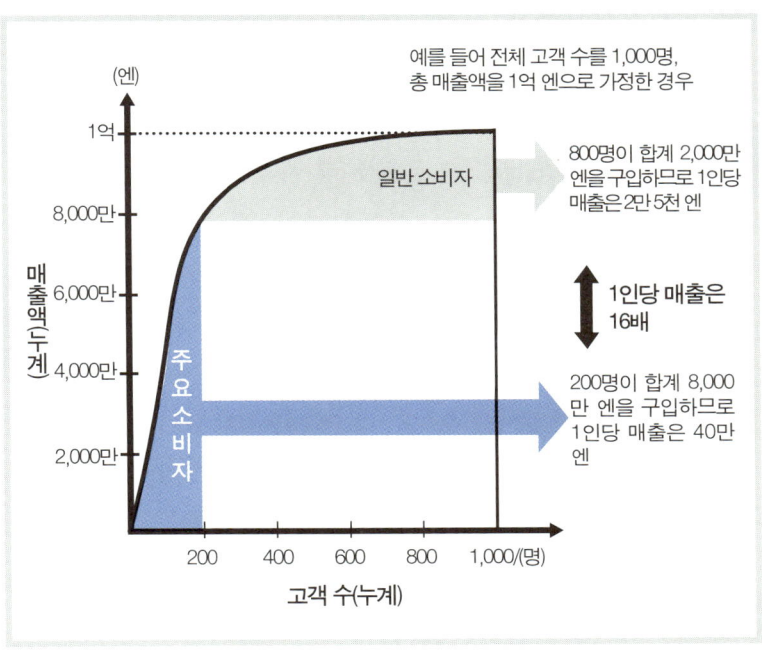

[도표 11] '80 : 20'의 법칙

예를 들어 전체 고객 수를 1,000명, 총 매출액을 1억 엔으로 가정한 경우

(엔)

1억

800명이 합계 2,000만 엔을 구입하므로 1인당 매출은 2만 5천 엔

8,000만

일반 소비자

6,000만

1인당 매출은 16배

매출액(누계)

4,000만

주요 소비자

200명이 합계 8,000 만 엔을 구입하므로 1인당 매출은 40만 엔

2,000만

200 400 600 800 1,000/(명)

고객 수(누계)

이러한 목적으로 자주 사용되는 것이 백화점이나 가전 양판점이 발행하는 포인트 카드이다. 누가 주요 소비자인지 아는 것만으로도 주요 고객에게 지급하는 포인트 비용은 충분히 뽑아낼 수 있다.

또한 포인트 카드는 일반 소비자를 주요 소비자로 전환시키는 도구가 된다. 포인트가 많이 쌓이면 좀처럼 다른 곳으로 가지 않게 된다. 포인트를 모으고자, 혹은 사용하기 위해서 평상시에는 구입하지 않는 상품까지 구입하는 경우도 있을 것이다. 또한 표면적인 가격을 다소 올릴 수도 있기 때문에 무리한 가격 경쟁을 피할 수도 있다.

항공 회사의 마일리지도 포인트 카드의 일종이다. 여행이나 출장

예전의 제약 회사 영업사원보다 훨씬 더 심한 것은 공공사업이나 공익사업이다. 공공사업도 예전에는 전시 행정 경향이 있었던 것은 사실이지만, 그래도 주민의 요구가 있었는지 모른다. 그러나 오늘날 건설이 진행되고 있는 지방 소도시의 도로나 대규모 관급 공사는 주민의 이익과는 상반된 것이 대부분이다.

이것은 공공사업의 주된 고객이 주민이 아닌 건설업체이기 때문이다. 건설업이 호황을 누리면 그만일 뿐, 나중에 주민의 부담이 늘어나는 것에는 관심이 없다.

그렇다면 "그런 사업을 추진하는 정치는 국민이라는 고객을 무시하고 있는 것인가?"라고 반문하면 그렇지도 않다. 왜냐하면 정치가의 고객은 국민이 아니라 '투표자'이기 때문이다. 도시와 지방에서는 한 표의 중요성이 최대 4배 정도 다르고, 고령자와 젊은이의 투표율은 3배나 다르다. 그렇기 때문에 정치의 고객은 지방의 고령자(와 업계의 조직표)이며 그 외의 국민은 고객이 아니다. 정치적으로는 별 의미가 없으며 마케팅으로서는 적절한 것이라고 할 수 있다.

으로 항공 회사를 선택할 때도 가능하면 자신이 보유하고 있는 마일리지가 있는 회사의 항공편을 선택하고자 할 것이다. 표면적으로는 10%에 가까운 가격 환원이지만 공석을 제공하게 되므로 원가는 제로이다. 게다가 마일리지를 많이 모은 고객의 대부분은 회사 경비로 정규 요금을 지불하는 알짜 고객이다. 그들을 확실하게 붙잡아 놓을 수 있다면 마일리지를 다소 성대하게 베풀어도 이익을 남길 수 있다.

생활하는 무대가 동일하면 요구도 유사하다

불과 얼마 전까지도 성별과 연령만으로 소비자의 요구를 그럭저럭 파악할 수 있었다. 왜냐하면 성별과 연령에 따라 그 사람의 생활 패턴이 대략 정해져 있었기 때문이다. 남성이라면 20대 후반에 결혼해서 30대 후반에 주택 구입 대출금을 갚기 시작한다. 여성이라면 20대 중반부터 전업 주부가 되어 30세 정도에는 두 아이의 엄마가 되어 있었다. 우리 국민 전체가 중류층이라는 의식도 강했고, 연간 수입의 차이는 있어도 소비 성향에는 차이가 없었다. 카로라(도요타의 소형 자동차)나 크라운(도요타의 중형 자동차)의 차이는 있을지라도 자가용을 구입하는 시기는 거의 같았다.

그러나 오늘날 사람들의 삶은 예전처럼 단순하지가 않다. '30대 남성'이라고 획일적으로 표현하더라도 30대 남성 독신자들의 요구는 결혼한 30대 남성들보다는 오히려(성별도 연령도 다르지만) 40대 독신 여성에 가까울지 모른다. 하지만 업무 내용이나 가족 구성이라는 조건이 동일하면 생활에 있어서 요구가 유사한 것에는 변함이 없다. 이것이 (96페이지의) [도표 12]에 표시한 '생활의 무대'이다.

한편 생활 무대의 단계가 옮겨감에 따라 같은 사람이라도 점차 요구가 변하게 된다. 여기서는 주택, 금융, 외식을 예로 들어 보았다. 생활 무대에 따라 고객에게 어필하는 방법이 전혀 다름을 알 수 있을 것이다. 생활 무대의 분류 기준에 자녀의 유무와 배우자의 업무(전업인지 프리랜서인지)를 추가하는 것이 좋을지도 모른다.

[도표 12] 생활의 무대

	주택에 관한 요구	금융에 관한 요구	외식에 관한 요구
학생, 젊은 독신 사회인	● 원룸 등 넓지는 않지만 교통이 편리한 곳, 임대 중심	● 자동차 이용이나 여행할 때 카드 이용 ● 소액 대출에 대한 요구	● 양과 가격이 중요 데이트를 즐길 수 있는 세련된 레스토랑에 대한 요구
결혼 후의 사회인(자녀 없음)	● 방 두 개와 부엌이 딸린 조금 넓은 집, 교통편은 중요, 임대 중심	● 자녀 교육비나 주택 구입을 위한 자금의 저축 요구	● 세련되고 합리적인 레스토랑에 대한 요구
사회인 (자녀 동거)	● 교외의 넓은 곳, 구입 의사도 강함	● 주택 구입을 위한 대출의 필요성 증가, 생명 보험에 대한 요구	● 가처분 소득이 적어서 가격이 가장 중요
자녀 독립 후	● 지금까지 살고 있는 집에 계속 거주, 리모델링의 요구	● 노후를 대비한 저축 요구, 재산 형성 요구	● 다소 고가의 상품이라도 질을 중시, 건강을 중시
고령자	● 도심 회귀	● 자산 운용 요구	● 질과 건강을 가장 중요시

상이한 소비 성향에 주의하라

　신제품이나 신기술이 출현하면 가장 먼저 관심을 보이는 소비자나 기업이 있는가 하면, "아직도 사용하고 있어?"라는 말을 들을 때까지 전혀 관심을 보이지 않는 소비자나 기업도 있다. 이것을 소비 성향이라고 한다. 예를 들어 하이테크 제품에 대한 소비 성향의 경우에는 다음과 같이 5가지로 나눌 수 있다(98페이지의 [도표 13]을 참조).

　① 이노베이터(=Innovator) : 신기술이나 신제품이 나오면 새 것이라는 이유 하나만으로 구입하는 고객을 말한다. 숫자는 적지만 이들 자신이 스스로 앞장 서 신기술에 대한 테스트 시장이 되어 준다. 그리고 이들은 자신의 마음에 드는 상품에 대해서는 인터넷 등을 통해 열렬한 전도자가 되어 준다.

　② 얼리 어댑터(=Early Adopter) : 자기 자신이 안고 있는 문제를 해결하기 위해, 또는 그 신기술을 타사와의 차별화를 위해 사용하기 위해 초기 단계에서 신제품을 사용하는 이용자를 말한다.

　③ 얼리 메저리티(=Early Majority) : 신기술과 기존의 기술을 비교한 다음 신기술의 우위성을 적극적으로 인정하여 채택하는 이용자를 말한다. 이른바 선진적인 소비자나 기업들이 여기에 해당된다.

　④ 레이트 메저리티(Late Majority) : '얼리 메저리티'가 신기술을

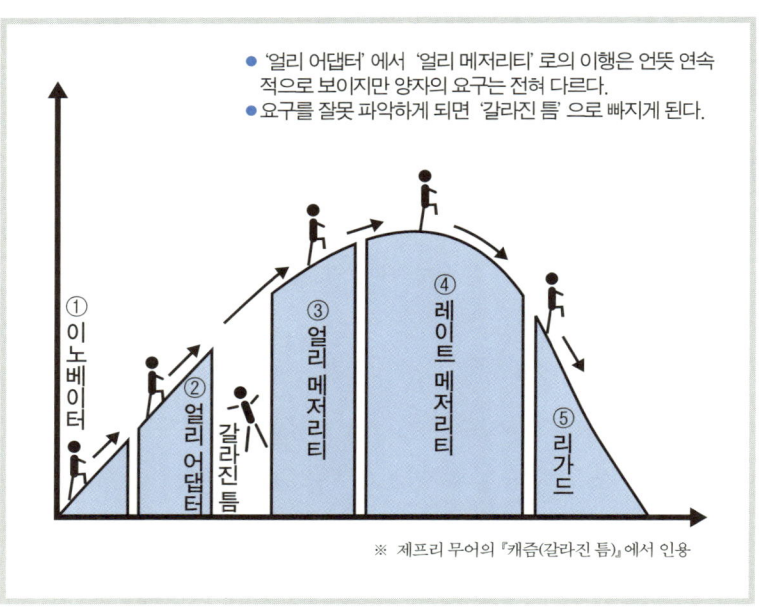

[도표 13] 소비 성향

● '얼리 어댑터'에서 '얼리 메저리티'로의 이행은 언뜻 연속
적으로 보이지만 양자의 요구는 전혀 다르다.
● 요구를 잘못 파악하게 되면 '갈라진 틈'으로 빠지게 된다.

① 이노베이터
② 얼리 어댑터
갈라진 틈
③ 얼리 메저리티
④ 레이트 메저리티
⑤ 리가드

※ 제프리 무어의 『캐즘(갈라진 틈)』에서 인용

도입하여 효과를 내기 시작하고, 신문이나 잡지에서 화제가 되고
있을 즈음에 천천히 움직이기 시작하는 사람들을 말한다. 시장에서
차지하는 수가 가장 많다. 이들은 기술보다 비용에 관심이 있으며
대기업 제품을 선호하는 경향이 있다.

⑤ 리가드(=Regard) : 새로운 기술에 무관심하며 그것이 기존의
기술을 대체한 시점에 비로소 구입하거나 혹은 기술을 알아채지 못
하고 사용하는 사람들을 말한다.

이들 ①~⑤를 디지털 카메라를 구입하는 고객을 예로 들어 보면

다음과 같다.

① 이노베이터는 처음 출시된 10만 화소 시대부터 사용하고 있으며, 최신 기종을 항상 구비하고 있는 사람들이다.

② 얼리 어댑터는 건축 회사나 디자인 회사의 업무 때문에 전자 화상을 취급할 필요가 있는 사람들이다. 또는 웹사이트 제작을 위해 디지털 카메라가 꼭 필요한 사람들이다.

③ 얼리 메저리티는 필름 카메라와 디지털 카메라의 기능과 경제성을 비교하고 메일에 의한 사진 교환 등을 포함하여 적극적으로 디지털 카메라의 우위성을 인정하고 구입한 사람들이다.

④ 레이트 메저리티는 디지털 카메라의 개량이 진행되어 경제성이나 편리성이 분명하게 필름 카메라보다 우위라는 판단이 선 시점에서 구입하는 사람들이다.

⑤ 리가드는 언젠가 필름 카메라가 거의 없어진 때, 혹은 자신이 디지털 카메라를 사용하고 있는지 조차 모르고 디지털 카메라를 사는 사람들이다.

여기서 ② 얼리 어댑터의 요구와 ③ 얼리 메저리티의 요구가 전혀 다름을 알아챘는가?

② 얼리 어댑터는 자신의 문제를 해결하는 도구로 디지털 카메라의 가치를 인정하고 있다. PC에서 디지털 영상을 취급하기 위해서는 필름이 아닌 신기술이 필요하다. 그러나 ③ 얼리 메저리티는 신기술 자체를 필요로 하지 않는다. 메일에 사진을 첨부할 수 있어 기쁘기는 하지만 꼭 필요한 것은 아니다. 그들은 필름에 불만은 없지만 경제성과 편리성을 검토한 결과로써 디지털 카메라를 선택하고

있다.

③ 얼리 메저리티층에서 받아들여지면 상품은 자동적으로 ④, 나아가서는 ⑤의 세그먼트에서도 받아들이게 되어 크게 히트하게 된다. 그러나 ②의 세그먼트에 어필했다고 해서 ③의 세그먼트에게도 받아들여지는 것은 아니다. ②와 ③ 사이에는 캐즘(틈)이 있다(다시 [도표 13]을 참조). 이러한 틈새의 존재를 파악하지 못하고 ③의 세그먼트로 전개하려고 하면 자멸하게 된다.

그렇지만 안타깝게도 ②와 ③은 고객의 속성만을 봐서는 전혀 구별할 수 없다. 자사 제품이 ②와 ③의 어느 쪽에 팔리고 있는지 고객의 요구를 제대로 판단할 필요가 있다.

고객에게 메시지를 전달하는 포인트

고객을 구분하여 각각의 요구를 파악했으면 고객에게 메시지를 전달하자. 이를 위한 도구가 브랜드와 가격 설정이다. 이 두 가지에 관련된 포인트를 소개하고자 한다.

포인트 15 브랜드는 고객에 대한 메시지이다

브랜드란 상품이나 서비스의 메시지를 전달하는 도구이다. 이 메시지에 의해 상품의 구입이나 서비스의 사용에 가치와 의미가 더해진다.

아마도 브랜드에 관계없이 정확하게 품질을 알고 자신이 원하는 것을 선택하는 세계가 이상적일 것이다. 그러나 현실은 진열장에 넘치는 상품을 각각 테스트할 수도 없고 구입 전에 모든 정보를 조사할 수도 없다. 여하튼 1천만 엔이 넘는 주택을 구입할 때조차도 골조 구조 등을 제대로 살펴보지 않거나 모델하우스의 가구에 현혹되어 결함 주택을 선택하게 되는 예가 많다. 상품이나 서비스를 소비할 때는 많든 적든 브랜드의 영향력과 메시지에 의지할 수밖에 없다.

브랜드가 전하는 메시지에는 '① 안심, ② 식별, ③ 현시' 의 세 가지가 있다. 각각을 살펴보자.

① 안심

브랜드가 전하는 가장 기본적인 메시지가 '안심' 이다.

예를 들어 슈퍼마켓에 냉동 만두가 진열되어 있다고 가정해 보자. 조금 비싸도 유명 회사 제품을 고르는 사람이 많을 것이다. 또한 이름을 모르는 회사라도 포장에 '전통 있는 회사, 수제 만두' 라고 표시되어 있으면 구입하는 사람도 있을 것이다. 왜냐하면 대기업의 브랜드나 생산지를 표시한 수제 만두 브랜드도 '안심' 이라는 메시지를 전하고 있기 때문이다.

또한 잘 모르는 사금융 회사에는 무서워서 발을 들여놓지 못하는 사람도 텔레비전에서 부드럽게 선전하는 사금융 회사에 대해서는 설마 협박을 하지는 않을 것이라고 생각하여 이용하게 되는 것이다.

비즈니스의 거래에서도 안심은 중요하다. 특히 우리나라에서는 실적이나 지명도가 없는 회사를 매우 싫어한다. 저자 자신이 과거에 아연실색했던 경험이 있는데, 가격과 성능 비율이 상당히 좋았던 컴퓨터에 대해 구매 책임자가 "브랜드를 들어 본 적이 없어서 불안하다"라고 주장하며(사실은 'SUN'과 'HP'였음), 결국에는 고가의 국산 기기를 도입했다. '안심'(이 경우에는 책임자의 보신주의)에는 커다란 가치가 있는 것이다.

② 식별

가전품 제조업체의 명칭을 떠올려 보자. 소니, 마쓰시타, 샤프, 산요, 도시바, 닛산, 미쓰비시, 삼성, 후나이, 트윈버드 등이 떠오를 것이다. 그러나 각각 떠오르는 이미지는 다를 것이다. 국내 자동차 제조업체라면 도요타, 닛산, 혼다, 마쓰다, 미쓰비시, 다이하쓰 등이 있을 것이고, 국내 대형 할인점이라면 다이에, 이토요카도, 쟈스코, 세이유 등이 있을 것이다. 이처럼 브랜드를 열거해 보면 떠오르는 이미지가 각각 다르다. 이것이 브랜드의 식별 기능, 즉 회사가 지닌 개성의 표명이다.

예를 들어 '도요타 씨는 견실하다. 혼다 군은 멋있다. 마쓰다 씨는 개성적이다'라는 평판이 있다면 그들도 외부의 평가나 기대를 저버리지 않기 위해, 높은 평가를 받기 위해 노력할 것이다. 더불어 타인의 기대를 저버리고 싶지 않을 것이다. 또한 도요타 씨가 지나치게 많이 먹는다거나(연비가 나쁜 자동차), 혼다 군이 운동을 못한다거나(무겁고 잘 안 나가는 자동차), 마쓰다 씨가 평범한 양복을 입는다면(보수적인 자동차) 어울리지 않을 것이다. 자신의 개성을 솔직하게 살리는 사람이 가장 자연스러운 것처럼 기업도 자기 자신의 개성을 기르고 그에 따라 일관된 행동을 해야 한다.

③ 현시(顯示)

브랜드 상품을 소유하거나 소비함으로써 소비자 자신도 메시지를 발신한다. 이것이 브랜드의 현시 기능이다.

핸드백을 예로 들어보자. 가판에서 싸게 팔고 있는 2,000엔 짜리 가방에서 10만 엔 대의 루이비통 가방까지 가격은 두 자릿수나 차이가 난다. 그런데 가방 자체의 성능은(봉제 등에 약간의 차이는 있어도) 그리 다르지 않다. 무엇이 다른가 하면 구입한 사람이 가방으로부터 발신하는 메시지, 즉 브랜드의 현시 기능이다.

예를 들어 프라다를 구입한 여성은 '나는 이 삼각형의 검은 색 가방을 살 수 있을 만큼 여유와 센스가 있는 여성이다' 라는 메시지를 발신한다고 한다. 루이비통이 출시하고 있는 전통적인 루이비통 디자인의 가방이라면 '나는 상식적인 여성이다' 라는 메시지를, 에르메스라면 '나는 비싸다' 라는 메시지를 발신한다고 한다. 그밖에 동성용, 남성용으로 더욱 세분화된 복잡한 메시지 체계가 있다고 한다. 고객은 자신이 브랜드를 통해 현시하는 메시지에 대해 비용을 지불하는 것이다.

프라다나 루이비통은 자신이 발신하는 메시지를 유지하기 위해 도심의 가장 좋은 지역에 점포를 설치하고 있다. 그리고 광고에 돈을 들여 브랜드가 현시하는 가치, 즉 브랜드를 소유하는 것이 주변에 어떤 메시지를 발신하는가를 가르치고 있다.

여성용 상품뿐만이 아니다. 최신 메커니즘과 중후한 내장재를 장식한 고급 승용차, 복잡한 기구와 최고의 장인 기술을 자랑하는 고급 손목시계 등은 그것을 소유한 사람이 '나는 이 상품의 가치에 어울리는 사람이다' 라는 명확한 메시지를 발신하고 있음을 말하고 있다.

유명 브랜드만이 현시 기능을 가지고 있는 것은 아니다. 이름이 알려지지 않은 제조업체의 가전제품을 구입하는 것은 '나는 비용 대비 성과를 중시한다' 라는 메시지를 발신한다. 브랜드 제품이 아닌 옷을 구입하는 것은 '나는 브랜드에 현혹되지 않는 현명한 여성이다' 라는 메시지를 발신하기도 하며, 마이너 브랜드라면 '모두와는 다른 가치관을 갖고 있다' 라는 메시지를 나타내기도 한다. 슈퍼마켓에서 개별 브랜드 식품을 구입하는 것도 '어차피 내용물이 같다면 싼 것이 좋다' 라고 하는 나름대로의 분명한 메시지를 발신한다.

포인트 16 브랜드는 기대를 저버려서는 안 되는 기업 가치 그 자체

앞서 언급한 냉동 만두의 예에서 맛에 차이가 없다고 한다면 브랜드의 가치는 비 브랜드 제품에 비해 수십 엔 정도가 비쌀 것이다. 언뜻 소액으로 보이지만 원래 수백 엔의 상품이기 때문에 매출의 10~20%가 브랜드의 대가라고 할 수 있다. 이 회사의 매출액 이익률이 10% 정도라면 '이익=브랜드' 분의 상승분, 즉 '기업 가치=브랜드 가치' 로도 해석할 수 있다. 따라서 대기업이나 고급 브랜드도 브랜드의 가치는 기업의 가치 자체라고 말 할 수 있기 때문에 자기 브랜드의 가치를 떨어뜨려서는 안 된다.

예를 들어 프라다는 (자그마한) 일상의 탈출을 연출하는 브랜드이다. 이러한 고급 브랜드는 고급 백화점의 아늑한 곳에 위치한 한쪽에서 고상한(또는 그렇게 보이는) 점원이 시중을 들어주는 상황에

서 구매하는 것이 좋다. 슬리퍼나 타월 등의 일상용품에 삼각 배지를 달면 브랜드 이미지는 한 순간에 무너진다. 프라다와 같은 상품을 동네 슈퍼마켓에서 판매해서는 안 된다. 또한 가짜 브랜드가 범람하게 되면 5천 엔 짜리 프라다의 가치가 갑자기 1천 엔으로 감소하게 된다.

한편 세계에서 가장 브랜드 가치가 높은 회사는 코카콜라이다. 이 회사의 상품(흥분제가 첨가된 설탕물) 자체에는 아무런 가치가 없다. 경쟁 상품과 맛을 구별할 수 있는 사람도 많지 않다. 코카콜라가 팔고 있는 것은 '미국인처럼 부유하고 자유로울 수 있다' 라는 메시지이다. 이 때문에 세계 속에서 팔리고 있으며, 싫든 좋든 미국 자본주의의 상징이 되고 있다.

좀더 구체적인 예로는 '모엣·헤네시·루이비통' 이라는 브랜드 일색의 이름을 가진 프랑스의 회사가 있다. 이 회사는 루이비통과 양주의 헤네시 이외에도 의류라면 크리스찬 라크로와, 와인은 모에 에 샹동, 시계라면 테가(Tag Hauer) 등 고급 브랜드 전체를 취급하고 있다. 언뜻 보기에는 지조가 없는 것처럼 보이지만, 이 회사의 강점은 고급 브랜드를 판매하는 마케팅 능력에 있다. 내용물은 무엇이든 상관없는 것이다.

포인트 17 메시지에 따라 브랜드를 나눠라

국내에서 도요타는 비츠(Vitz)나 카로라(Corolla)와 같은 대중 승용차부터 크라운(Crown)과 같은 고급 자동차까지 생산하는 종합 자동차 제조업체 브랜드다. 그리고 그 정점에 세르시오(Celsior)를 두

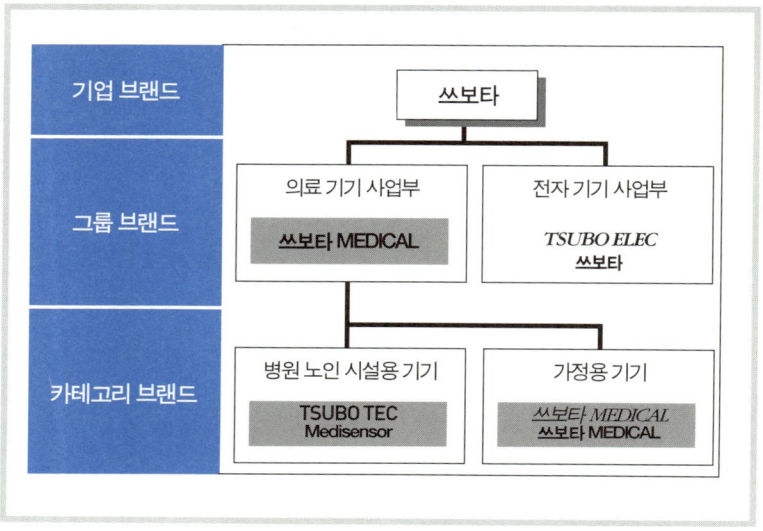

[도표 14] 쓰보타의 브랜드 전략

기업 브랜드	쓰보타	
그룹 브랜드	의료 기기 사업부 **쓰보타 MEDICAL**	전자 기기 사업부 *TSUBO ELEC* **쓰보타**
카테고리 브랜드	병원 노인 시설용 기기 **TSUBO TEC** Medisensor	가정용 기기 쓰보타 *MEDICAL* **쓰보타 MEDICAL**

면 브랜드 전체의 품격이 올라간다.

 그러나 미국에서의 도요타는 저렴하면서도 품질이 좋은 소형차를 떠올리게 하는 브랜드다. 이러한 브랜드에 벤츠나 재규어 급의 자동차를 투입하는 것은 매우 불안정하다. 그래서 도요타는 미국에 세르시오를 판매할 때 '렉서스' 라는 별도의 브랜드를 준비했다. 그리고 광고, 점포에서 중개 점원의 고객 응대까지 전체를 고급 메시지로 통일했다. '렉서스라는 최고 품질의 승용차를 갖는 것은 당신이 일류라는 증명이며, 우리들도 당신을 일류로 취급합니다' 라는 메시지를 발신하여 실제로 고객을 만족시키는 데 성공했다.

 물론 렉서스가 도요타의 제품이라는 것은 누구나 알고 있다. 그러나 구입하는 사람(미국인)에게 있어 '도요타' 를 구입하는 것과

'렉서스' 를 구입하는 것은 전혀 다른 의미를 갖는다.

이처럼 동일한 기업이 브랜드를 복수로 나누는 경우는 많다. 마쓰시타 전기의 경우, 냉장고나 세탁기에는 '내셔널' 브랜드를, AV 기기나 디지털 카메라에는 '파나소닉' 이라는 브랜드를 사용한다. 또한 파나소닉 브랜드 안에서도 평면 텔레비전은 'VIERA', DVD 레코더는 'DIGA', 디지털 카메라에는 'LUMIX' 등 브랜드가 각각 다르다.

그 중에서 디지털 카메라를 예로 들면, 마쓰시타의 브랜드(표에는 나와 있지 않지만 누구나 알고 있다)가 '안심' 이라는 메시지를, 파나소닉 브랜드가 '최첨단 기술을 활용한 새로운 생활의 제안' 이라는 메시지를, LUMIX 브랜드가 '고품질의 화질(=카리스마 화질)과 경량 고기능(=슬림)' 이라는 메시지를 전하고 있다. 그래서 파나소닉의 로고 아래에는 'ideas for life' 라는 보조 메시지가 들어가고 LUMIX에는 카리스마 화질과 슬림을 연상시키기 위해 카리스마 이미지의 하마자키 아유미(여가수)를 캐릭터로 활용하고 있다.

이처럼 발신 메시지에 일관성을 주기 위해서 회사의 브랜드, 제품 라인의 브랜드, 상품 브랜드와 서로 조합하여 각각 발신하는 메시지를 미묘하게 변화시키고 있다.

예를 들어 쓰보타의 브랜드 전략으로는 회사의 브랜드, 제품 라인의 브랜드, 상품의 브랜드를 (106페이지의) [도표 14]와 같이 설계할 수 있을 것이다.

포인트 18 스토리가 최강의 브랜드다

브랜드의 구성 요소에는 로고 마크나 명칭이 있고 디자인이나 광고도 있다. 이처럼 다양한 브랜드의 구성 요소 중에서도 가장 강력하게 메시지를 전달하는 것이 스토리이다. '누가 왜 그 상품을 생산했고, 오늘날에 이르기까지 어떤 노력을 해 왔으며, 어떤 이들에게 애용되어 왔는가' 하는 것이 최강의 메시지를 발신한다.

예를 들어 '혼다'를 생각해 보자. 자동차에 아주 문외한이 아닌 이상, 혼다가 ① 혼다 소이치로가 2차 대전 후 자전거 제조업체로 창업한 벤처 기업으로, ② 모두가 불가능할 것으로 생각했던 자전거 세계의 GP에 도전하여 1위를 차지했으며, ③ 통산성의 반대를 무릅쓰고 자동차 업계로 진출하여, ④ 세계 최초로 저공해 엔진을 개발해 냈고, ⑤ 현재는 세계 모터 스포츠의 단골이라는 사실(스토리)을 알고 있다. 이러한 혼다의 스토리 자체가 '벤처 정신(①, ③), 고성능·스포츠 성향(②, ⑤), 기술력(②, ④)'을 강하게 전달해 준다.

또한 스타벅스가 맛있는 커피를 제공하는 회사라는 이미지뿐이라면 최근 늘어나고 있는 경쟁 회사와 경쟁하기는 어려울 것이다. 스타벅스의 강점은 '프리미엄 라테'라고 하는 시장을 창출한 스토리 자체에 있다. 스타벅스를 이용하지 않는 사람이라도 스타벅스가 시애틀 일각에서 전 세계로 뻗어가게 된 이야기나 품질에 대한 명확한 인식에 관하여 들어본 적이 있을 것이다. 경합하고 있는 다른 체인점도 맛과 분위기로는 어느 정도 승부할 수 있겠지만 '아류'라는 이미지를 벗어나지 못하고 있다.

어느 회사라도 자신의 회사나 제품의 스토리를 만들어 낼 수 있을 것이다. 쓰보타의 경우에는 세계 최첨단 의료용 센서의 개발이라는 스토리를 만들 수 있다. 라면 가게의 주인도 자신이 운영하는 가게에 대한 특징을 이야기할 수 있을 것이다.

바꾸어 말하면 전하고자 하는 스토리가 브랜드의 출발점인 것이다. 자신이 자신에 관한 스토리를 말할 수 없다면 자신이 누구이고 정말 원하는 것이 무엇인지 진지하게 재검토하는 것이 좋다.

또한 개인 회사나 벤처 기업인 경우에는 스토리를 만들어 내는 경영자 자신이 최대의 브랜드라고 할 수 있다. 마쓰시타 전기나 혼다, 소니도 벤처 기업 시절에는 각각 마쓰시타 고노스케, 혼다 소이치로, 이부카 마사루 자신이 회사의 최대 브랜드였을 것이다. 그들의 이름과 인품이 회사의 신뢰감과 제품 이미지 자체를 발신하고 있었다. 오늘날에는 소프트뱅크 사의 손정의 사장이나 마넥스의 마쓰모토 오키 등이 회사의 메시지를 발신하고 있는 개인으로 떠오르고 있다.

포인트 19 │ 메시지에 맞는 가격을 설정하라

메시지를 가장 명확하게 전달하는 것이 가격이다. 앞서 예를 든 가방은 가판에서 판매되고 있는 것과 브랜드 제품 사이에 기능은 동일해도 가격은 두 자릿수나 다르다. 제조 원가는(비닐제의 경우) 큰 차이가 없을 것이다. 자동차의 경우에도 벤츠와 비츠(Vitz)는 이동 수단이라는 기능에는 차이가 없지만 가격은 한 자릿수나 다르다. 제조 원가의 차이로는 설명할 수 없는 가격의 차이가 바로 메시지의 차이인 것이다.

상품의 가격은 메시지에 따라 정해진다. 구매하는 사람이 그 메시지에 납득하고 만족하면 된다. 중요한 것은 고객이 느끼는 가치에 적절한 가격을 설정하는 것이다. 원가는 정해진 가격이 이익을 낼 수 있도록 나중에 맞추면 되는 것이라고 할 수 있다.

이렇게 말하면 위화감을 느낄 사람도 있을 것이다. 분명 생산물이 부족했던 성장의 시대에는 원가를 계산하여 판매가를 정했다(총괄 원가주의). 그러나 상품이 넘치는 성숙의 시대에서 가격은 고객이 느끼는 가치에 의해 정해진다. 원가는 관계가 없는 것이다.

보통의 상품은 (111페이지의) [도표 15]와 같이 3가지의 가격 설정 라인이 있다.

최상위의 가격대가 고급품, 또는 고급 브랜드에 해당되는 브랜드 가격(Skimming Pricing)이다. 다음은 대부분의 상품이 해당하는 중급품 가격(Bridge Better Pricing)이다. 이는 세분화된 세그먼트에 대응하는 각각의 특징을 지닌 상품군으로서 양적인 면에서 가장 크다. 그리고 마지막으로 디플레 가격(Penetration Pricing)으로 불리는 질보다 가격을 추구한 가격대의 상품이 위치한다.

이러한 세 가지 계층은 전혀 다른 시장으로 보는 것이 좋다. 예를 들어 자동차의 경우, 디플레 가격품의 비츠(Vitz)를 구입할 것인지, 피트(Fit)를 구입할 것인가를 고민하는 사람은 브랜드 가격품의 벤츠는 생각하지도 않을 것이다. 중급품의 패밀리 레스토랑이나 중화요리점을 놓고 고민하는 사람은 브랜드 가격의 고급 프렌치나 디플레 가격의 맥도널드를 염두에 두지는 않을 것이다.

어떤 가격 전략을 채택하든지 목표로 하는 세그먼트에 맞는 가격으로 메시지를 전달해야 한다. 그러면 구체적으로 각각 어떻게 가

[도표 15] 가격 계층

낮음 ◄——————— 가격 ———————► 높음

	디플레 가격	중급품 가격	브랜드 가격
	• 저가격에 의한 소비자의 요구를 노린다. • 비용 경쟁력이 있는 기업 몇 개 만이 살아남는다. • 사바나형 시장	• 프로덕트 믹스를 통해서 중간층의 세분화된 요구를 충족시키려 한다. • 통상적으로 이 시장이 가장 크고 경쟁사도 많다. 제공되는 상품도 다양하다.	• 브랜드와 부가가치 서비스에 의한 만족감을 제공한다. • 시장은 작지만 유지력이 높고 이익률도 크다.
자동차	비츠(Vitz) 등의 소형차 **100만 엔~**	국산 세단, RV, 미니 밴 **수백만 엔**	벤츠, 재규어 등 고급차 **1,000만 엔~**
여성 용품	유니크로 · 슈퍼마켓 **수천 엔**	백화점 · 전문점 **만 엔**	브랜드점 **수만 엔~**
외식	맥도널드, 요시노야, 편의점 도시락 **수백 엔**		일반 음식점, 패밀리 레스토랑 **1만 엔~**
가전	비 브랜드 가전, 중국 가전 **~1만 엔**	국산 제조업체, 브랜드 제품 **수만 엔**	디자이너가 디자인한 가전 초고성능 제품 **10만엔~**

격을 정하는 것이 좋을까? 각 계층의 상품에 관한 가격 설정의 포인트를 알아보자.

① 브랜드 가격

브랜드 가격대의 상품일 경우, 고객이 구매하는 것은 상품이 아니다. 예를 들어 시계의 경우, 고가의 기계식 시계보다 전자식 시계가 압도적으로 성능이 우수하다. 고급차인 재규어는 고장이 잘 나는 것으로 유명하다. 또 아무리 고가의 화장품이나 향수라도 원료는 100엔 정도일 것이다.

브랜드 가격의 상품에서 고객이 구입하는 것은 메시지이다. 그러므로 가격은 비싼 것이 좋다. 가격을 싸게 책정하면 오히려 팔리지 않게 된다. 당초 5천 엔 정도였던 가격을 몇 배 올려 고급품 이미지를 낸 후부터 갑자기 판매가 늘어난 시계 브랜드도 있다.

브랜드 가격의 가격 설정은 비교적 간단하다. 현실적으로 고객이 지급할 수 있는 상한선의 가격을 설정하면 된다. 예를 들어 가방의 경우, 전설적인 한정품은 최고가인 100만 엔대로 설정하고 나머지는 순서에 따라 보급품은 일반 여사원들이 노력하면 손에 넣을 수 있는 5만 엔 정도의 가격으로 책정하면 된다. 그리고 그 상품이 왜 그 가격만큼의 가치가 있는가를 친절하고 정중하게 설명함으로써 고객이 납득할 수 있도록 하는 것이 중요하다.

고가인 것에 가치가 있는 한 가격 인하는 금물이다. 재고 물량을 처분하고자 한다면 특별 판매 기간을 정해서 단골 고객 우대 행사를 기획한다. 또한 화장품이라면 견본품을, 의류라면 스카프나 귀걸이를 사은품으로 제공할 수도 있다. 이런 것들은 실질적인 가격

인하지만 표면적인 정가를 내리지 않을 뿐만 아니라 주요 소비자의 만족도를 높일 수 있다.

② 중급품 가격

이 계층의 상품에 관해서는 기능 이외에도 가격 면의 우위성(=잘 샀다는 느낌)을 어필하는 것이 중요하다. 그러나 '싸면 된다' 라는 식의 저자격 정책은 옳지 않다. 따라서 중급품의 가격 설정은 골치 아픈 문제이다.

가격을 설정하기 위해서는 먼저 고객이 타당하게 느낄만한 가격을 파악해야 한다. 이를 위해서는 구체적인 상품 이미지를 고객에게 제안하고 평가를 받는 공동 분석과 같은 도구의 이용도 고려하면 좋을 것이다.

공동 분석은, 예를 들어 자동차의 경우라면 '네비게이션이 표준 장착되어 있는 것과 통신 노래방이 장착되어 있는 것 중 어느 쪽이 더 좋은가', 또는 패밀리 레스토랑의 경우라면 '디저트에 망고 푸딩이 첨가되면 150엔을 추가로 지불할까' 와 같은 질문에 웹사이트의 안내에 따라 대답하게 한다. 그러면 고객이 느끼는 타당한 가격이 분명해진다.

잘 샀다는 느낌을 고객에게 어필하는 것, 또는 고객의 허를 찌르기 위한 구체적인 방법은 생략하겠다.

③ 디플레 가격

이 계층의 상품은 저렴한 가격이 생명이다. 원가에 가까운 가격으로 승부를 하게 된다. 어떻게 해서든 원가를 낮추는 구조와 노력이 필요하다. 디플레 가격의 대표 선수라고 할 수 있는 요시노야나 맥도널드는 싸게 팔기 전에 철저하게 운영을 개선하고, 인하된 가격으로도 이전과 다름없는 수준의 이익을 낼 수 있도록 구조를 개선하고 있다.

또한 디플레 가격 제품에서 경쟁하고 있는 것이 싸게 하면 거의 팔리는(=가격 탄성치가 높다) 상품이라고 하자. 판매가를 내려 이윤을 반으로 했지만 판매 수량은 20%밖에 증가하지 않았다면 말이 안 된다.

한편 이 가격대의 상품은 서툴게 고급품을 지향해서는 안 된다. 예를 들어 요시노야가 고급 소고기 덮밥을 판매하거나 비츠(Vitz)가 호화로운 사양을 출시하여 상위 클래스를 지향하거나 하면 메시지를 전달받는 고객은 혼란을 느끼게 된다.

또한 디플레 가격보다 더욱 낮은 가격이 되면 값싼 제품으로 인식되게 된다. 그러면 아무리 가격이 낮아도 고객은 구입하지 않는다. 예를 들어 가방이 300엔에 팔리고 있다면 무언가 결함이 있는 제품으로 생각될 것이다. 소고기 덮밥이 불과 280엔에 판매된다면 좋아하겠지만, 120엔에 판매한다면 고객은 의심을 갖게 되어 선뜻 나서지 않을 것이다.

실패한 사례로 2002년의 맥도널드를 들 수 있다. 맥도널드가 팔고 있는 것은 정크 푸드가 아닌 '미국의 풍요로운 생활'이라는 메시지다. 그것을 100엔, 혹은 88엔에 살 수 있다면 득을 보는 것일 수도 있다. 그러나 한 때 설정했던 58엔의 햄버거는 값싼 저급품으로 인식되는 가격이었다. 그래서 소비자는 오히려 불안을 느끼게 된 것이다.

3장

파트너를 바라보는
비즈니스 모델의 전략사고

- 모두가 이익을 낼 수 있는 구조를 만들어라

1

상황 ③ :
쓰보타 의료기기 사업부 기획실에서

모든 사람에게 이익이 되는 구조를 만들어라

다이쓰보 실장 : "고쓰보 주임! 지난번 경영 회의에서 '의료기기 사업부도 향후의 성장 분야를 찾아보는 것이 어떨까' 라는 논의를 했는데, 실버타운을 대상으로 하는 사업도 괜찮을 것 같은데, 어때? 어떤 식으로 사업을 추진하는 것이 좋을까?"

고쓰보 주임 : "(PC에 집중한 채) 현재의 쓰보타 판매 대리점이 실버타운을 새롭게 개척하면 되지 않을까요?"

다이쓰보 실장 : "그렇게 성의 없이 대답하지 말고…. 실버타운은 병원과는 조금 다르게 생각해야 되지 않을까? 병원과는 달리 실버타운에서는 노인 스스로 사용하고 싶다는 생각이 들지 않으면, 제품을 사용하지 않을 테니까 말이야. 실버타운에 대한 영업은 매우 유익할 것이라고 생각하는데…!"

고쓰보 주임 :"(고쳐 앉으며) 그렇군요. 확실히 사회적으로 의미 있는 사업일지도 모르겠습니다. 병원에 가지 않고도 집에서 매일

기본적인 검사를 할 수 있다면, 노인 분들이나 가족들도 매우 고맙게 생각할 수 있겠군요."

다이쓰보 실장 : "그렇고 말고. 그렇게 생각해 준다면 기쁘지. 하지만 채산성과 실버타운 운영자에게도 이익이 되는지 확인해야 될 거야!"

고쓰보 주임 : "실버타운에 전속된 간호사에게 분석기의 조작을 부탁할 수 있다면 운용비도 많이 줄일 수 있을 테고, 일상적인 건강 검진에 만전을 기하고 있음을 어필할 수만 있다면, 실버타운 측도 입주자들을 확보하는 데 이점이 있습니다. 괜찮겠군요. 이 사업은 모두에게 득이 될 수 있을 것 같습니다."

이익은 어떻게 회수할 것인가?

(수일 후)

고쓰보 주임 : "실버타운 관계자들로부터 이야기를 들어 보았습니다. 아이디어 자체에는 흥미를 보였습니다만, 분석기의 가격을 듣는 순간 모두 난색을 표하더군요. 어떻게 해서든 설비비나 운용비를 줄이려는 상황에서 부가가치 서비스라는 이유 하나만으로는 어렵지 않겠냐는 반응이었습니다."

다이쓰보 실장 : "물론 가격 부담이 큰 기계는 맞지만, 예를 들어 분석기는 무료로 설치해 주고 쓰보타는 이용료를 회수하는 구조도 생각해 볼 수 있지 않을까?"

고쓰보 주임 : "그렇군요! 실버타운 측에는 홍보 효과가 있으니

무료로 설치해 준다고 하며 협의할 수 있겠군요!"

다이쓰보 실장 : "(쓴웃음을 지으며) 그렇게 쉽지는 않을 걸?"

고쓰보 주임 : "그렇다면 임대료를 매월 어느 정도 지불한다고 하면 어떨까요?"

다이쓰보 실장 : "그렇게 할 수도 있겠지만, 그런 식으로 하면 실버타운 측에서도 적극적으로 입주자에게 사용하게 하려는 의욕이 생기지 않을 거야. 설치하는 것으로 끝나게 될 수도 있지 않을까?"

고쓰보 주임 : "그렇다면 이용료 수익의 일부를 실버타운에 지급하면 되지 않을까요? 그렇게 하면 실버타운 측도 이용자들이 분석기를 사용하도록 하게 되겠죠."

다이쓰보 실장 : "그렇지. 사용할 때마다 소정의 수입이 발생한다면 실버타운 측도 입주자가 분석기를 사용하도록 적극적으로 권장해 주겠지!"

'키 드라이버'로 사업을 모니터링하라

다이쓰보 실장 : "고쓰보 주임! 그러고 보니 지난주의 경영 전략 연수에서는 무엇을 배웠나?"

고쓰보 주임 : "지난주에는 비즈니스 모델에 관한 강의였는데, 직전까지 회의가 길어지는 바람에 마지막 부분의 '키 드라이버' 밖에 듣지 못했습니다."

다이쓰보 실장 : "음, 연수를 최우선 순위로 해 주었으면 좋겠군. 그래, 자네가 들은 내용은 뭔가?"

고쓰보 주임 : "가르쳐 달라는 말씀이시군요. 그러니까 키 드라이버란 사업의 수익성과 직접 관련된 수치를 말합니다. 키 드라이버를 매일 파악하고 있으면 문제가 발생했을 때 즉시 알 수 있고, 새로운 시책의 효과도 즉시 알 수 있다고 합니다. (싱긋 웃으며) 쓰보타의 혈액 분석기의 경우, 키 드라이버는 설치 대수라고 생각합니다."

다이쓰보 실장 : "(놀랍다는 표정으로) 그럼, 실버타운 비즈니스라면 어떨까?"

고쓰보 주임 : "실버타운 비즈니스의 키 드라이버 말입니까? 역시 '실버타운에 몇 대의 기계가 설치되느냐' 하는 것이 아닐까요?"

다이쓰보 실장 : "그럴까? 수입으로 말하자면 꼭 대수가 많다고 좋은 것은 아니라고 생각하는데…."

고쓰보 주임 : "그렇다면 고객 1인당 이용 횟수라든지 그런 것이 좋을 것 같습니다. 그 수치의 높고 낮음이 이익의 많고 적음으로 직결되니까요."

다이쓰보 실장 : "좋은 지표를 생각해냈군. 게다가 그런 수치는 고객의 만족도와 직결될 수 있겠지. 키 드라이버의 개선에 힘을 쓰면 자동적으로 실적도 좋아진다는 것이군?"

2

강의 ③ :
회수 엔진과 리스크 & 리턴을 결정하라

'비즈니스 모델 = 사업 설계도'를 가장 먼저 작성하라

비즈니스는 사업 파트너(=Stakeholder)가 서로 서비스를 제공함으로써 성립된다. 사업 설계도, 즉 '각각의 사업 파트너가 누구에게 돈을 받고 누구에게 돈을 지불하는가, 그 대가가 되는 상품이나 서비스는 무엇인가' 하는 흐름을 표시하는 것이 비즈니스 모델이다. 이것을 '출연자 구성', 혹은 '이익을 내는 구조'라고 말하는 이도 있다.

비즈니스를 구상할 때는 먼저 비즈니스 모델을 구성하는 것부터 시작하도록 하자. 사업의 이익도 비즈니스 모델이 있어야 비로소 눈에 보이게 된다. 비즈니스의 성공 뒤에는 반드시 우수한 비즈니스 모델이 있다는 것을 잊지 말자.

비즈니스 모델을 설계하기 위해서는 항상 언제 어디에서 대가를 회수하는가 하는 회수 엔진과 어떤 부분에서 리스크를 펼치고 어디에서 리턴을 기대하는가 하는 리스크&리턴의 관계를 먼저 확실하게 해 두어야 한다.

'회수 엔진'에서 본 비즈니스 모델

가장 먼저 회수 엔진과의 관계에서 본 비즈니스 모델 가운데 대표적인 것을 7가지 소개하려고 한다. 조금 길어질지 모르겠지만 읽어주기 바란다.

1. 일반적인 비즈니스의 회수 엔진은 '시간의 불일치'에 신경쓴다

상품을 팔거나 서비스를 제공함으로써 그에 직접적으로 상응하는 대가를 받는 비즈니스를 '일반적인 비즈니스'라고 하자. 좀더 구체적으로 설명하면 원료를 구입한 후에 가공 등의 부가가치를 더해서 판매한 대가를 직접 받는 사업인 것이다. 80% 정도의 비즈니스가 이에 해당될 것으로 생각한다.

일반적인 비즈니스의 회수 엔진을 살펴보기 위해서는 회계 상의 이익과 현실적인 돈의 증감을 나타내는 현금흐름(Cash Flow)의 2가지 관점이 있다. 이익은 누구나 알고 있듯이 다음과 같이 계산된다.

이익 = ① 판매 수량 × (② 판매가 - ③ 비례비) - ④ 고정비

따라서 이익을 늘리기 위해서는 ① 영업 활동을 통해서 판매량을 늘리던가, ② 부가가치를 더해서 판매가를 올리던가, ③ 원료비나

판촉비 등의 변동비를 낮추던가, ④ 간접 인건비나 임대료 등의 고정비를 줄이던가 하는 선택이 있을 수 있다. 어떤 방법이 이익에 가장 큰 영향을 미치는가는 실제로 구체적인 수치를 넣어 계산하면 곧바로 알 수 있다.

한편으로 현금흐름은 그냥 간과해 버리기 쉽다. 특히(자금 회전에 여유가 있는) 대기업에 근무하고 있으면 현금흐름에 관해서는 거의 신경을 쓰지 않게 된다.

현금흐름에 가장 큰 영향을 미치는 것으로는 '① 매입에서 지불까지, ② 생산에서 판매까지, 나아가 ③ 판매에서 입금까지' 3가지 요소의 타이밍의 차이인 '시간의 불일치' 이다.

특히 건설업이나 시스템 개발에서는 시간 불일치의 관리가 매우 중요하다. ① 지불 관련 시간의 불일치는 구매 자재의 경우, 지불까지 약간의 유예 기간이 있지만, 급여나 외주 용역비의 지불은 매월 빠짐없이 찾아온다. ② 판매 관련 시간의 불일치도 대형 건축물이나 시스템 개발의 경우에는 1년 정도 걸린다. 그리고 ③ 입금 관련 시간의 불일치도 검수에서 입금까지 최악의 경우 6개월 이상 대금이 들어오지 않을 때도 있다.

이처럼 지불부터 입금까지의 기간 동안 사원의 급여나 사무 위탁에 드는 비용은 모두 회사가 부담하게 된다. 수주를 하기 위해서도 먼저 자금이 필요하다. 자금 조달을 위해서는 금리가 필요하고 대출을 거부당하면 회사가 쓰러질 수도 있다.

또한 지금은 아무리 대기업이라 할지라도 언제든지 쓰러질 수 있는 시대다. 확실하게 입금될 때까지는 안심할 수 없다. 그렇다고 해서 어음을 조기에 현금화하면 할인으로 인해 이익이 전부 날아가

버릴지도 모른다. 회계 상의 이익은 시간 불일치의 장단에 관계없이 동일하지만, 시간의 불일치는 현금흐름에 직결되고 사업의 안정성을 좌우하는 것이다.

실적이 급속하게 확대하는 기업도 현금흐름에 주의해야 한다. 설비 투자나 매입 등 선행 지불이 커지기 때문이다. 반대로 설비 투자와 매입을 최소한으로 하면 당좌의 현금흐름에는 여유가 생긴다. 이는 성숙의 시대에서 발생하는 부수입이라고도 할 수 있다. 물론 앞의 수입도 점점 줄어들기 때문에 현금이 늘어났다고 기뻐해서는 안 된다.

2. 수주 & 생산 비즈니스 모델의 승자 '델 모델'

수주와 생산은 현금흐름 면에서 일반적인 비즈니스와는 크게 다르다. PC의 수주에 의한 생산(BTO = Build To Order)으로 급성장한 '델 사'와 점포에서 PC를 판매하는 비즈니스 모델의 다른 점을 (125페이지의) [도표 16]에서 살펴보자.

점포에서 PC를 판매하는 경우 제조업체는 출하 재고, 판매점은 판매 재고를 두게 된다. PC처럼 기술의 진보가 빠르고 매주 단위로 재고의 가치가 눈에 띄게 감소하는 상품의 경우, 이 같은 재고 리스크는 매우 크다. 또한 부품 대금을 지불하고 나서 고객으로부터 입금이 들어오기까지 최악의 경우 6개월 정도가 소요된다.

이에 비하여 델은 생산하기 전에 제품을 광고하여 고객으로부터 주문을 받는다. 고객으로부터의 입금이 확인되면 신용으로 부품을 구입하고 수일 내에 조립하여 배송한다. 재고는 일체 없다. 부품 대

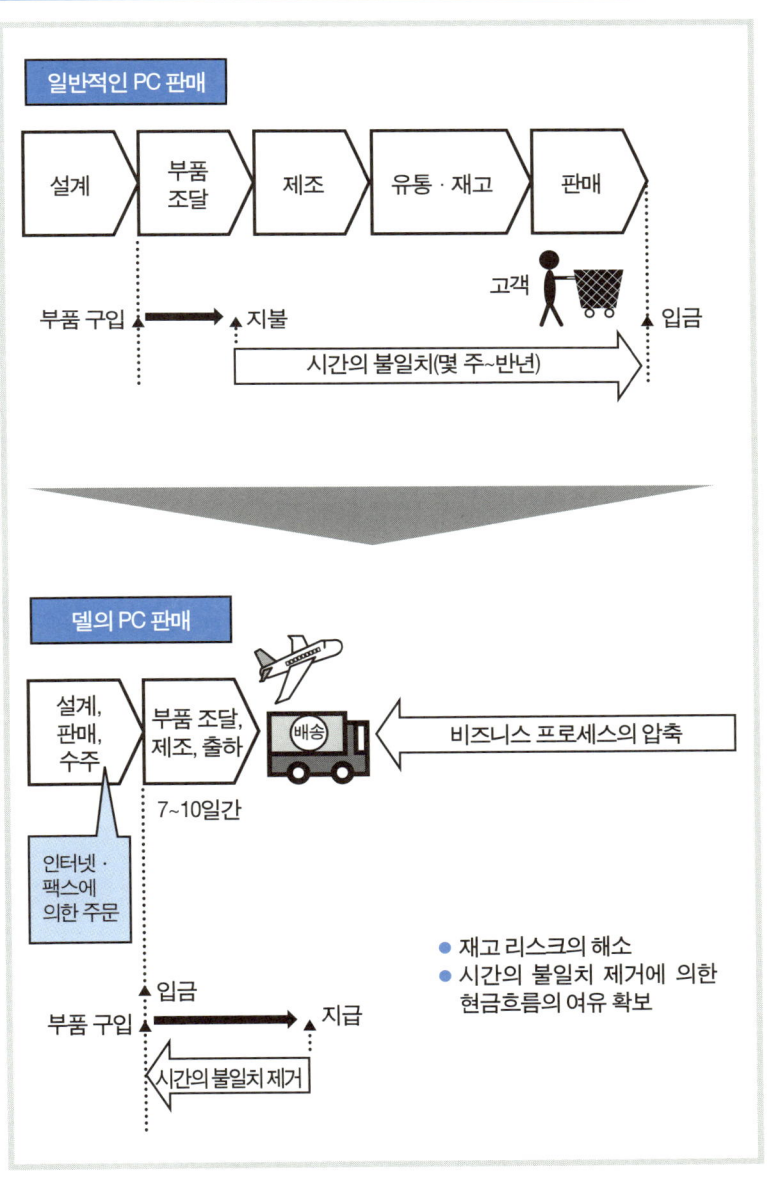

일반적인 PC 판매

설계 → 부품 조달 → 제조 → 유통·재고 → 판매

고객

부품 구입 → 지불

시간의 불일치(몇 주~반년)

입금

델의 PC 판매

설계, 판매, 수주 → 부품 조달, 제조, 출하

배송

비즈니스 프로세스의 압축

7~10일간

인터넷·팩스에 의한 주문

입금

부품 구입 → 지급

시간의 불일치 제거

● 재고 리스크의 해소
● 시간의 불일치 제거에 의한 현금흐름의 여유 확보

금의 지불은 입금 후가 된다(= 시간의 불일치). 또한 같은 시기에 판매하는 PC와 비교하면, 점포에서 판매하는 제품이 수개월 전의 가격으로 구입한 부품으로 조립한 것에 비해서 델은 현재 가격으로 부품을 구입하기 때문에 당연히 부품 가격도 더 싸다.

델의 비즈니스 모델은 점포 판매 방식에 비하여 이익, 현금흐름 면에서 모두 압도적으로 유리하다. 텍사스의 대학 기숙사 한 편에서 시작한 델이 IBM이나 NEC 등의 대기업을 누르고 10년도 되지 않는 사이에 세계 최대의 PC 제조업체로 성장한 것은 이러한 비즈니스 모델의 승리라고 할 수 있다.

3. 미끼 모델

휴대 전화의 판매를 생각해 보자. 단말기의 원가는 카메라폰의 경우 10만 엔에 가깝지만 점포에서의 판매 가격은 최신형이라도 3만엔 정도이며, 조금 인기가 떨어진 모델 중에는 1엔에 파는 제품도 있다.

지나치게 싼 것 같아 의심스럽게 생각할 수도 있지만 아무런 문제도 없다. 휴대전화 회사는 단말기를 적자로 판매해도 가입자로부터 받는 매월 이용료로 회수하고 있다. 따라서 싼 가격으로 판매하여 이용자를 많이 확보하는 편이 낫다. 이처럼 나중에 들어올 수입을 기대하여 판매가를 낮춘 비즈니스 모델을 '미끼 모델'이라고 한다.

그밖의 예로는 잉크젯 프린터가 있다. 본체 가격은 1만 엔도 안되지만 전용 잉크는 1,000엔 정도에 판매되고 있다. 잉크로 이익을 보기 위해서는 본체를 싸게 하여(= 미끼 던지기) 구입하도록 하는 것이 정답이다.

업무용 상품에는 수많은 미끼 던지기 모델이 존재한다. 대형 컴퓨터의 경우, '1엔 입찰' 등과 같은 예가 있을 정도로 최초 입찰은 거의 원가 수준이다. 그러나 한 번 납품하면 지속적으로 발주나 보수비용 등으로 이익을 볼 수 있다. 복사기도 한 번 납품되면 1회 이용마다 10엔 정도의 이용료가 들어온다. 엘리베이터의 경우도 고액의 유지관리 비용이 제조업체의 이익으로 돌아온다.

고객의 입장에서도 초기의 투자비용을 억제하고자 한다. 고객이 용인하는 한 이러한 비즈니스 모델은 Win-Win(양자 모두에게 득이 된다) 관계를 만들 수 있다.

4. 배당 모델

미끼 던지기 모델의 사업자는 이용자뿐만 아니라 판매 대리점에도 미끼를 던진다. 이와 같은 미끼의 배당을 받는 판매 대리점의 모델을 배당 모델이라고 이름 붙이자.

휴대 전화의 경우 판매점은 1대를 판매할 때마다 수천 엔에서 수만 엔의 판매 장려금(=인센티브)이 수중에 들어온다. 그러므로 1엔짜리 전화기라도 판매하게 되면 이익이 되므로, 여러 가지 창의적인 판매 방법을 고안한다. 이러한 비즈니스 모델로 급성장한 회사 가운데 대표적인 예가 (여러 가지로 화제가 많았던) 히카리 통신(광통신)이다.

그 외에도 신문 판매점, 보험 대리점, 부동산 판매점 등이 배당 모

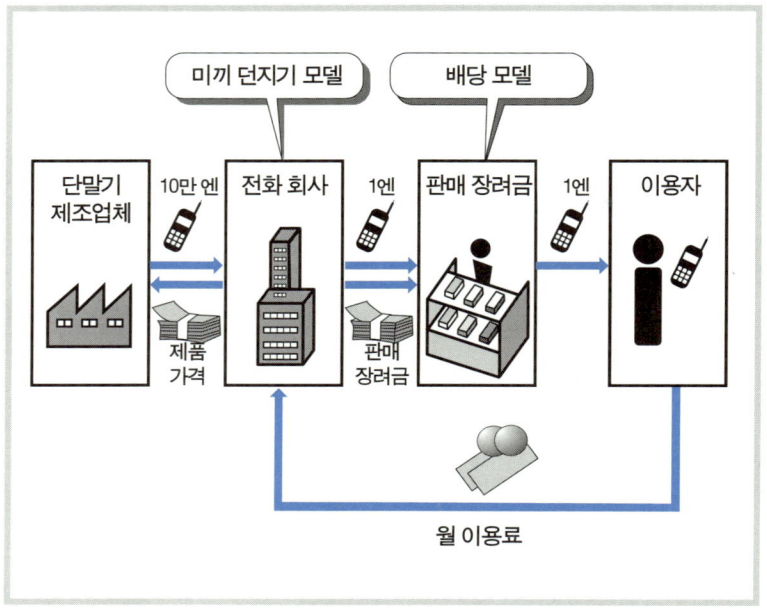

미끼 던지기 모델

배당 모델

단말기 제조업체

10만 엔

전화 회사

1엔

판매 장려금

1엔

이용자

제품 가격

판매 장려금

월 이용료

델에 해당한다. 신문이나 보험 등은 영세한 신문 판매점주나 보험 설계사 등이 '왜 그런가?'라고 되물을 정도의 경품으로 권유해 오는데, 양측 모두 고객을 획득하면 신문사나 생명보험 회사로부터 두둑한 판매 장려금을 받을 수 있기 때문이다. 금액이 큰 원룸 맨션의 경우에는 1건을 팔면 100만 엔에 가까운 판매 장려금이 들어온다.

이와 같은 판매 회사의 경우 흔히 강제 권유가 문제되기도 하지만 눈앞의 고객을 잡는 것이 자신의 이익에 직결되는 것이므로 그 같은 문제가 빈발하는 것도 어쩌면 당연하다고 할 수 있을 것이다.

5. 에스테 모델

배당 모델의 친척이 에스테나 영어 회화, 골프장, 리조트 호텔의 모델이다. 이러한 종류의 비즈니스 모델은 수년 또는 종신 이용권에 대한 대가를 고객으로부터 먼저 받은 후 받은 금액의 범위 내에서 서비스를 제공하면 된다. 일반적으로 골프장 개발에 소요되는 초기 투자금은 최초의 회원권 수입으로 전액 회수한다. 나아가 영어 회화의 경우에는 추가되는 교재 판매, 골프장의 경우에는 음식 수입 등 추가 수입도 기대할 수 있다. 회수 자금을 전부 사용하지 못한 고객이 있다면 그대로 사업자의 이익이 된다. 성공하기만 하면 편안하게 누릴 수 있는 비즈니스인 것이다.

이러한 사업의 성공 여부는 처음에 몇 사람의 고객을 확보하는가에 달려 있다. 예를 들어 에스테 살롱의 경우 에스테 시술에 지불되는 점원의 급여는 매우 적다. 그러나 체험 코스에 참여한 고객을 권유하여 회원이 되게 하는 데 성공하거나, 시술 중의 회원에게 (터무니없이 비싼) 에스테 용품을 팔거나 하면 상당한 금액의 보너스가 들어온다. 그러므로 에스테의 점원은 시술 중에 열심히 고객을 설득하는(그렇다고 한다) 것이다.

6. 무료 모델 = 텔레비전 모델

이용자가 아닌 사업 파트너가 비용을 지불하는 것이 '무료 모델'이다. 주변에서 가장 쉽게 볼 수 있는 것이 민간 방송일 것이다. 민간 텔레비전 방송국은 스폰서로부터의 광고 수입을 바탕으로 시청자에게는 무료로 방송을 보내고 있다. 시청자 입장에서 보면 텔레비전의 광고 방송은 (필요 없는) 덤이지만 비즈니스 모델 상에서 텔레비전은 동영상을 첨가한 전단지이며 오히려 본 편의 드라마가 덤인 셈이다.

무료가 기본인 인터넷은 무료 모델이 성행한다. 야후의 이용이 무료인 것은 배너 광고를 의뢰하는 회사가 야후에 광고료를 지불하기 때문이다. 메일 매거진이 무료로 배달되는 것도 기사 안의 광고주가 광고료를 지불하고 있기 때문이다.

덧붙여 인터넷은 매우 우수한 광고 미디어라고 할 수 있다. 물리적인 공간의 제약을 받지 않고 모든 정보를 제공할 수 있기 때문이다. 사이트 내용과 연동하여, 예를 들어 음악 사이트라면 CD 광고, 무료 사이트라면 각종 재료 판매와 같은 섬세한 광고를 내보낼 수 있다. 광고를 보고 직접 구매 화면으로 갈 수도 있다. 또한 광고의 시청 수(=액세스 수나 클릭 수)나 광고로 인한 직접 판매량도 정확하게 카운트할 수 있다. 다른 사이트가 광고를 게재하거나 상품을 판매하면 소개료를 지불하는 제휴 프로그램도 간단하게 만들 수 있다. 인터넷 광고 시장은 아직 작지만 성장의 여지가 크다고 할 수 있다.

그밖의 비즈니스 모델

무료 모델처럼 고객이 느끼는 가치(=텔레비전 드라마)와 회사의 수익원(=광고)이 다른 비즈니스는 상당히 많다. 예를 들어 비디오 대여점은 1주일 대여료가 300엔 정도인 상품이지만, 연체를 하면 곧바로 1천 엔 짜리 지폐가 날아간다. 비디오 대여점의 수입을 차지하는 상당 부분이 연체료다.

저가격으로 승부하는 여행 대리점도 관광 사업뿐이라면 거의 적자이다. 국내 관광의 경우에는 토산품 판매점에서 받는 리베이트로, 해외 관광의 경우에는 현지의 옵션 관광에 대한 리베이트로 보충하고 있다. 고객의 개인 사정에 따른 취소 요금도 커다란 이익의 원천이 된다. 이처럼 고객이 원치 않은 상황에 대한 대가로 성립되는 비즈니스 모델도 있을 수 있다.

그밖에도 본업은 적자지만 국가나 모회사로부터의 보전을 전제로 한 보조금 비즈니스 모델이나 관련 회사나 하청, 자회사 위에 군림하여 중간 착취의 형태로 이익을 보는 공공사업자 비즈니스 모델 등과 같은 것도 있을 것이다.

'리스크&리턴의 관계'로 본 비즈니스 모델

다양한 리스크를 감수하면서 이익을 기대하는 것이 비즈니스이다. 공작 기계를 사고, 원료를 매입하고, 사람을 채용하는 등 이들 모두가 리스크를 취하는 것이다. 상품의 판매가 부진하면 거기에 투자한 비용은 고스란히 사라지게 된다.

취한 리스크의 크기에 따라 기대하는 이익의 규모도 달라진다. 눈앞의 작은 것을 개선한 것뿐이라면 돌아오는 이익은 작고, 큰 이익을 기대하고자 하면 건곤일척의 설비 투자가 필요할 지도 모른다.

리스크&리턴의 관계에서 본 비즈니스 모델의 패턴을 몇 가지 소
개한다.

1. 일반적인 비즈니스의 리스크&리턴

앞서 소개한 것처럼 제품을 매입하여 판매하는 일반적인 비즈니
스, 즉 일반적인 제조업과 유통업의 리스크와 리턴의 관계에는 '평
상시의 비즈니스 운영 상황'과 '사업 투자 상황'의 2가지가 있다.

평상시의 비즈니스 운영이란 제조업의 경우라면 원료를 매입하
여 생산하고 제품을 판매하는 것을 말한다. 유통업의 경우라면 재
고를 매입하여 판매하는 것이다.

일반적인 비즈니스의 주된 리스크는 팔리지 않는 재고를 보유하
게 되거나, 혹은 생산으로 인한 재고 리스크와 판매한 거래처로부
터 대금이 들어오지 않는 회수 리스크(=신용 리스크)일 것이다. 이
러한 리스크는 재고 회전율과 판매금 등으로 관리한다. 이 책에서
는 깊이 있게 다루지 않지만, 재고 분석에 관한 입문서를 살펴보면
구체적인 방법이 많이 소개되어 있다.

또한 사업 투자 상황이란 새로운 공장이나 새로운 설비에 투자하
거나 점포를 신설 또는 개장하는 경우를 말한다. 사업 투자 상황의
리스크&리턴은 프로젝트 평가로 판단할 수 있다. 프로젝트 평가의
방법에는 '최초로 투자한 비용을 몇 년 내에 회수할 수 있는가?'
하는 회수 기간법, 은행에 예치하면 금리 몇 %에 상당하는가로 판
단하는 IRR법, 사업 가치를 금액으로 환산하면 어느 정도인가를 보

는 NPV법 등이 있다. 이들에 관한 상세 내용 역시 재무에 관한 서적
을 참조하기 바란다.

2. 도박 모델

마권을 구입하는 경우를 생각해 보자. 승률이 높은 말(낮은 리스
크&낮은 리턴)부터 승률이 낮은 말(높은 리스크&높은 리턴)까지 여
러 가지를 선택할 수 있지만, 결과는 말이 결승선에 도착하는 순간
까지 전혀 알 수 없다. 마찬가지로 뚜껑을 여는 순간까지 성공과
실패를 전혀 가늠할 수 없는 비즈니스를 도박 모델이라고 할 수 있
다.

대표적인 도박 모델로는 영화, 음악, 게임, 출판과 같은 콘텐츠
비즈니스가 있다. 대부분의 작품은 적자지만 히트작이 한번 나오
기만 하면 크게 역전시킬 수 있다. 영화라면 극장 수입에서 원금을
회수하고, 비디오, DVD 판매로 더욱 벌어들인 후에 캐릭터 상품이
나 관련 게임, 나아가서는 속편 등의 시리즈물도 기대할 수 있다.
그렇지만 언제, 어디서 히트작이 나올 것인가를 사전에 미리 알 수
있는 방법은 전혀 없다. 때문에 거액을 투자한 기대작이 크게 실패
하는가 하면 예상하지 못했던 의외의 작품이 크게 히트하는 경우
도 있다.

또한 수만 개의 화학 물질로부터 하나의 약품을 발견하는 신약
개발은 두뇌와 인내를 필요로 하는 치밀한 작업이지만, 성공하기만
하면 그 효과는 엄청나다. 다만, 아무리 이론적으로는 성립된다고
해도 임상 실험의 결과는 사전에 예상할 수 없기 때문에 유망한 화

학 물질에 예기치 않은 부작용이 발견되면 모든 것은 물거품이 된다. 이러한 신약 개발의 비즈니스 모델도 역시 도박 모델이다.

도박 모델은 '리스크를 두려워하여 도박을 하지 않으면 점점 시장이 작아진다'라는 딜레마가 있다. 영화나 게임의 경우에는 시리즈물이나 유명 연예인을 출연시키면 실패할 위험이 낮아지는 대신 새로운 고객을 불러들일 수 없기 때문에 매출은 점차 줄어간다. 매출을 올리기 위해서는 새로운 인기 작품을 찾아 다양한 분야에서 리스크에 도전하는 수밖에 없다.

한편의 영화나 게임을 만드는 데는 수억 엔이 소요된다. 이는 연간 10편 정도 제작할 수 있어야 하고, 게다가 제작한 것이 전부 실패해도 살아남을 수 있는 정도의 체력이 필요함을 의미한다. 그래서 제작비가 상승함에 따라 할리우드의 영화 회사나 게임 회사 모두 대규모 합병을 계속하였다. 제약업계도 최근 수년 동안 신약 개발비가 높아짐에 따라 전 세계(일본 이외)에서 거대 합병이 이어졌다(135페이지의 [도표 18] 참조). 도박을 계속하기 위해서는 투자한 비용을 전부 잃더라도 기업을 보전할 수 있을 정도의 체력이 필요한 것이다.

3. 도박장 주인 모델 = 겜블과 생명보험

도박 모델이라고 해도 영화 회사나 제약 회사는 모두 플러스 리턴을 기대하며 사업을 진행하고 있다. 그러나 세상에는 마이너스 리턴을 기쁘게 받아들이는 이들이 있다. 겜블과 생명보험의 고객이다. 양측 모두 고객이 리스크를 책임지고 사업자가 리턴을 받는 형

매출액 순위
(단위 : 억달러, 2002년)

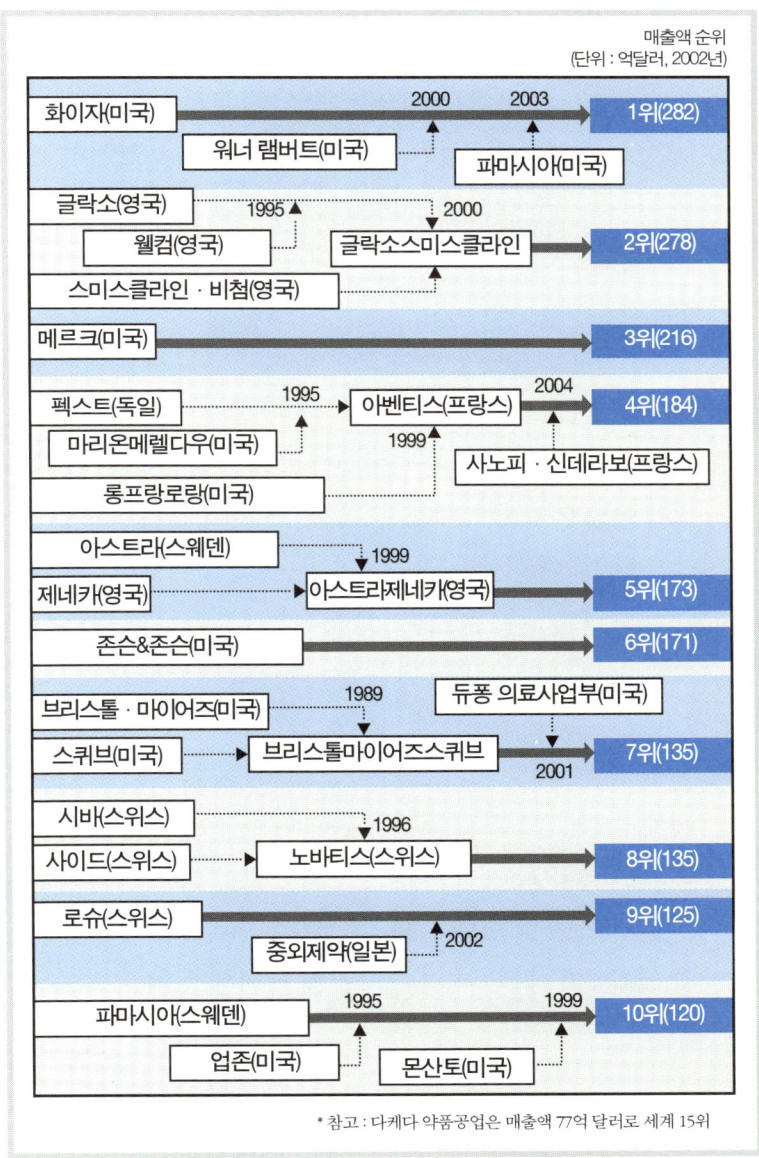

화이자(미국) → 1위(282)
2000 워너 램버트(미국)
2003 파마시아(미국)

글락소(영국) → 2위(278)
1995 웰컴(영국)
스미스클라인 · 비첨(영국)
2000 글락소스미스클라인

메르크(미국) → 3위(216)

헥스트(독일) → 4위(184)
1995 아벤티스(프랑스)
마리온메렐다우(미국)
1999 롱프랑로랑(미국)
2004 사노피 · 신데라보(프랑스)

아스트라(스웨덴) → 5위(173)
제네카(영국)
1999 아스트라제네카(영국)

존슨&존슨(미국) → 6위(171)

브리스톨 · 마이어즈(미국) → 7위(135)
스퀴브(미국)
1989 브리스톨마이어즈스퀴브
듀퐁 의료사업부(미국)
2001

시바(스위스) → 8위(135)
사이드(스위스)
1996 노바티스(스위스)

로슈(스위스) → 9위(125)
중외제약(일본)
2002

파마시아(스웨덴) → 10위(120)
1995 업존(미국)
1999 몬산토(미국)

* 참고 : 다케다 약품공업은 매출액 77억 달러로 세계 15위

식의 모델이라고 할 수 있다.

예를 들어 경마나 복권의 회수율은 겨우 절반이다. 겜블을 하는 사람은 큰 수익을 예상하고, 복권을 사는 사람은 수억 엔의 당첨을 꿈꾸며 기쁘게 돈을 쓰지만, 평균적으로는 분명히 돈을 잃게 되어 있다. 사업자의 입장에서 보면 복권 구입비의 절반을 확실히 수중에 넣게 되므로 매우 수익성이 좋은 사업이다. 또한, 슬롯머신의 시장 규모는 30조 엔으로 국내 총 생산의 5% 이상에 상당하는 거대산업이다.

생명보험 회사도 도박장 주인 모델의 회사이다. 가입자는 매월 수만 엔의 부담금을 지불하여 예기치 못한 질병이나 사고로 인한 지출에 대비한다. 보험금의 반환이 겜블의 상금에 해당한다. 운 좋게(?) 70세 이상까지 살게 되면 반환금은 별도의 특약을 하지 않는 한 지급하지 않는다(이것을 '장수할 위험' 이라고도 한다).

보험금의 반환액, 즉 가입자가 질병이나 사고를 당할 확률은 거의 정확하게 예측할 수 있다. 지진이나 테러의 경우에는 보험금을 지불할 의무가 없다. 생명보험 회사도 보험금의 반환은 보험료 수입의 절반 정도이며 나머지는 회사가 가져가는 것으로 추정된다. 보험 설계사에게 돌아가는 두둑한 판매 장려금도, 생명보험 회사 사원의 높은 급여 수준도 이러한 비즈니스 모델 덕분이다. 아울러 1997년 이후 생명보험 회사의 연이은 파탄은 남아도는 자금을 운용하는 데 실패했기 때문이며 비즈니스 모델 자체가 파탄의 원인은 아니다.

4. 시장의 주인 모델

백화점을 생각해 보자. 인기 브랜드가 입점하면 백화점의 인기가 올라가고, 백화점의 인기가 올라가면 고객이 모이므로 입점 브랜드에게도 득이 된다. 이처럼 백화점과 입점 업체는 공존공영의 관계에 있다. 백화점이 해야 할 일은 매력적인 시장을 만들어서 고객을 유치함으로써 높은 임대료를 지불할 수 있는 업체를 유치하는 것이다.

이와 같은 백화점을 시장의 주인이라고 할 수 있으며, 시장의 주인과 참가자(입점 업체)가 리스크와 리턴을 서로 나누는 비즈니스 모델인 것이다.

라쿠텐(樂天)은 인터넷 세계에서 시장의 주인이다. 인터넷 상의 고객을 불러모으는 힘에는 현실 세계에서의 지역이나 건물과 같은 물리적인 제약이 없다. 인기 있는 시장이 보다 많은 고객과 입점 업체를 불러모으는 네트워크의 외부성(34페이지 참조)이 작용하는 세계이다. 임계점에 달한 시장만이 수확 체증에 의해 급성장한다. 초창기의 인터넷은 컴퓨터 제조업체나 은행 등이 다수 참여한 인터넷 상점가였지만 임계점을 넘어 살아남은 것은 라쿠텐(樂天)과 야후 두 개 회사뿐이다.

그밖에 NTT 도코모의 i모드나 야후의 옥션, E 트레이드나 마넥스 등의 인터넷 증권도 이와 같은 시장의 주인 모델의 예라고 할 수 있다.

5. 리스크 재정(裁定) 모델

내일 초등학교에서 운동회가 열린다고 가정하자. 비가 내려도 운동회는 개최되며 맑을 확률과 비가 올 확률은 반반이다. 자, 초등학교 앞에 우산 장수와 약국이 있다. 날이 화창하면 약국은 선크림이 팔려서 2만 엔의 이익을 보지만, 비가 오면 선크림 구입비용인 1만 엔의 손실을 본다. 반대로 우산 장수는 날씨가 좋으면 1만 엔의 손실, 비가 오면 2만 엔의 이익을 본다고 하자. 양쪽 모두 손해를 보고 싶지는 않다.

그런데 어떤 사람이 약국에 와서 "비가 오면 당신에게 1만 엔을 지불하겠습니다. 하지만 날씨가 좋으면 내게 1만 엔을 주십시오." 라고 하고, 우산 장수에게 가서는 "날씨가 좋으면 1만 엔을 지불하겠습니다. 그 대신 비가 오면 제게 1만 엔을 주십시오."라고 한다면 어떻게 될까? 이 거래가 성립하면 약국도 우산 장수도 내기에 이겼을 경우 이익은 1만 엔으로 줄지만 이기지 못해도 1만 엔의 손실을 피할 수 있다. 이것이 날씨 파생상품의 기본이다.

이것을 사업보험으로 바꿔 적용할 수도 있다. 약국이나 우산 장수도 1만 엔의 보험료를 지불하여 날씨가 예상과 다른 경우에는 각각 2만 엔(=보험료 1만 엔 + 매입분 1만 엔)을 반환받는 것이다.

이처럼 고객의 위험과 리턴의 관계를 최적화하는 것이 리스크 재정 모델이다. 날씨뿐만 아니라 외환 시장이나 원가 가격 등 미래의 수치가 확정되어 있지 않는 모든 거래에서 리스크 재정 모델이 활용되고 있다. 또한 수출보험 등의 사업보험도 이러한 리스크 재정 모델의 일종이라 할 수 있다.

'비즈니스는 리스크를 취하는 것이다'라고 경영학 교과서에도 적혀 있다. 그러나 이 말을 듣고 바로 이해할 수 있는 사람은 드물 것이다.

왜냐하면 성장의 시대에는 리스크를 리스크로 여길 필요가 없었기 때문이다. 성장 시대의 전략은 한도액 끝까지 대출을 받아 설비 투자를 하고, 원재료를 확보하며, 사원을 채용하는 것이었다. 요즘 들어서는 은행이 대출에 신중한 태도를 보이고 대출액도 감액하는 등의 태도를 보이고 있지만, 거품 경제 시기에는 기분 좋게 빌려주던 자금이다.

역시 1990년대 전반까지 일본에서는 대기업이나 중견 기업이 도산하는 일은 실질적으로 없었고, 신용 리스크라는 용어도 의식할 필요가 없었다. 차입금, 설비 투자, 착수, 고용, 신용 리스크와 같은 이른바 비즈니스의 5대 리스크가 실질적으로 'No-리스크'였던 것이다.

그러므로 무역(외환 리스크)이나 금융 시장(시장 리스크)과 연관이 없는 일반인들에게 리스크라는 단어는 부정이나 범죄에 가까운 매우 수상쩍은 느낌을 주는 것이었다.

그러나 성숙의 시대에는 비즈니스의 리스크가 현재화하고 있으며 리스크를 취하지 않으면 비즈니스는 정지된다. 그렇다면 어떻게 해야 할까? 해답은 간단하다. 투자한 리스크만큼 리턴을 기대하면 된다. 그런데 '리턴'이라는 단어도 반드시 좋은 느낌만은 아니다. '리턴 추구 = 이익 지상주의'라는 이미지가 강하기 때문일 것이다.

물론 거대 기업이 경제를 지배했던 성장의 시대에 '리턴이 높다 = 독점 자본이 탐욕스럽게 돈을 벌고 있다'라는 도식이 반드시 틀린 것만은 아니었다. 그러나 성숙의 시대에서 가장 강력한 힘을 가지고 있는 것은 소비자이다. 공평한 경쟁을 통하여 리턴을 최대화할 수 있다면, 이것은 소비자에게 지지를 받은 결과이며 당당하게 자랑해도 될 일이라고 생각한다.

또한 리스크&리턴의 관계는 본래 '로(low) 리스크&로(low) 리턴' 또는 '하이(High) 리스크&하이(High) 리턴'인데, 이에 대해서도 위화감을 느끼는 사람이 많을 것이다. 왜냐하면 일본의 산업 구조는 전혀 반대의 구조를 하고 있기 때문이다.

하이 리턴을 획득하는 산업은 정부로부터 보호되는 '실질적 노(No) 리스크'인 길드 산업, 즉 대기업이나 관공서였다. 이곳에서 얌전히 일하고 있으면 높은 평생 급여(= 하이 리턴)를 기대할 수 있었던 것에 반해, 사업은 잘못 시작하기라도 하면 가족이 뿔뿔이 흩어지게 되는 리스크조차 감수해야 한다. 이 뿐만 아니라, 만일 크게 성공한다고 해도 리턴으로 회수된 이익은 고스란히 세금으로 빼앗겨 버렸다. 인생의 바른 선택은 공무원이 되거나 좋은 회사에 들어가서 '로 리스크&하이 리턴'의 궁극적인 승자 그룹을 목표로 하는 것이었다.

그러나 시장 개방화의 흐름은 서서히 그러나 착실하게 진행되어 갈 것이다. 2010년대에 들어서면 리스크와 리턴의 관계도 본래의 모습에 가까워지게 될 것이다.

3

파트너를 파악하는 5가지 포인트

비즈니스 모델의 전략에 관해 익혀두어야 할 포인트는 모두 5가지로 '비즈니스 모델의 포인트' 와 '키 드라이버의 포인트' 로 나뉘어 진다. 이번 단원에서는 이에 관해 설명하고자 한다.

비즈니스 모델의 포인트

비즈니스 모델은 파트너 전원에게 이점이 있어야만 비로소 성립된다. 손해를 보는 파트너나 참가할 의사가 없는 파트너가 한 회사라도 있으면 그 비즈니스 모델은 움직이지 않는다. 전원이 함께 이익을 보는(=만족하는) 비즈니스 모델은 어떻게 만들어야 할까?

포인트 20 윈윈(win-win)의 관계로 파트너 전원이 기쁨을 누리자

다시 쓰보타의 예를 생각해 보자. 마침 고쓰보 주임이 비즈니스 모델을 만들려고 하는 실버타운에 범용 분석기를 무료로 제공하는

사업에 관한 사례이다.

실버타운의 입주자가 분석기로 매일 건강 관리를 할 수 있게 되면 안정적으로 건강한 생활을 누릴 수 있다. 알지 못하는 사이에 만성병이 악화되어 미처 손을 쓸 수 없는 불행한 사태도 막을 수 있다. 평소의 특정 기록을 출력해서 지참하면 병원에서도 적절하게 판단할 수 있다. 장기 요양에 드는 고액의 의료비 부담도 적어지는 만큼 입주자가 부담하는 관리비로 운영되는 실버타운의 재정 상태가 건전해져서 입주자에게 제공하는 서비스의 질도 향상된다.

이러한 상황을 좋아할 사람은 입주자와 그 가족일 것이다. 건강하게 살다가 편안하게 눈을 감게 된다면 입주자 본인도 기쁘고 입주자의 가족에게도 부담이 적다.

그러나 노인들의 일상적인 건강 관리에 대한 중요성을 아무리 역설한다고 해도 그 자체로 비즈니스가 성립하는 것은 아니다. 이 사례에서 가장 중요한 점은 실버타운에서 분석기를 구입해야 하는 것인데, 이것은 부담이 너무 크다. 따라서 아무리 노력해도 사업이 진행되지 않을 것이다.

그렇다고 해서 구입 보조금을 지원하는 식의 안이한 발상을 한다면 그것 또한 현명하지 못한 방법이다. (143페이지의) [도표 19]처럼 비즈니스 모델을 변경해 보자. 그러면 다음과 같이 비즈니스가 가능하게 된다.

① 입주자는 병원에 가지 않고도 매일 검사가 가능하다. 평상시 건강 관리를 할 수 있다는 점을 생각하면 약간의 검사료는 오히려 싼 편이다. 1개월 할인 이용권이 있으면 더욱 좋겠다.

② 실버타운은 고가의 분석기를 구입하지 않아도 될뿐더러 검사

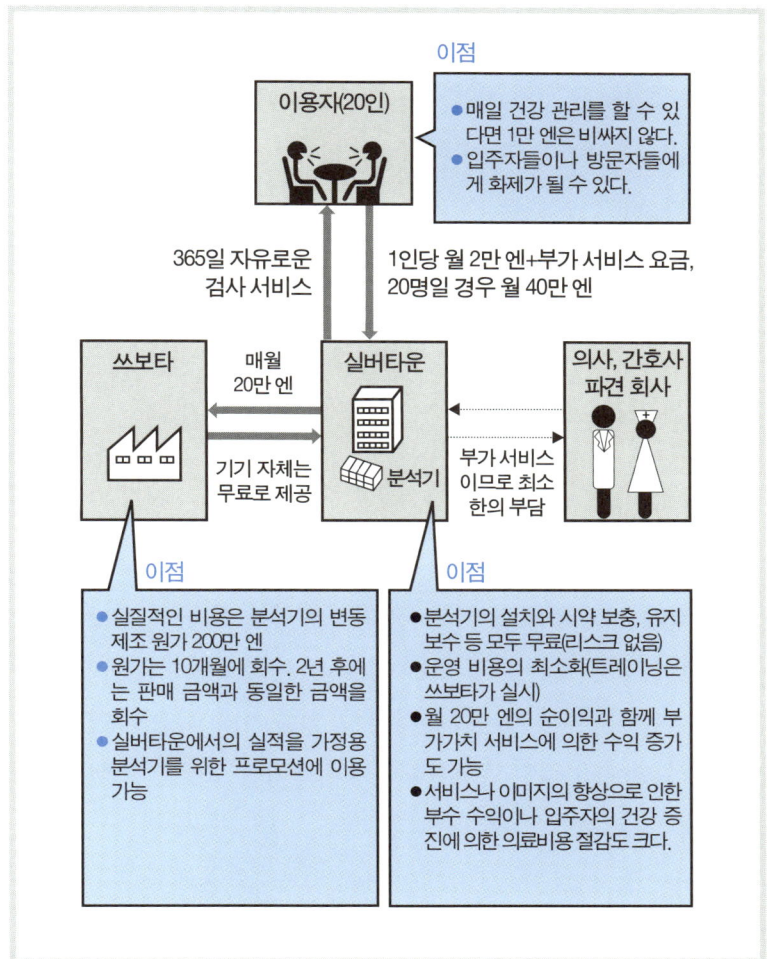

이점

이용자(20인)

- 매일 건강 관리를 할 수 있다면 1만 엔은 비싸지 않다.
- 입주자들이나 방문자들에게 화제가 될 수 있다.

365일 자유로운
검사 서비스

1인당 월 2만 엔+부가 서비스 요금,
20명일 경우 월 40만 엔

쓰보타

매월
20만 엔

실버타운

분석기

의사, 간호사
파견 회사

기기 자체는
무료로 제공

부가 서비스
이므로 최소
한의 부담

이점

- 실질적인 비용은 분석기의 변동 제조 원가 200만 엔
- 원가는 10개월에 회수. 2년 후에는 판매 금액과 동일한 금액을 회수
- 실버타운에서의 실적을 가정용 분석기를 위한 프로모션에 이용 가능

이점

- 분석기의 설치와 시약 보충, 유지 보수 등 모두 무료(리스크 없음)
- 운영 비용의 최소화(트레이닝은 쓰보타가 실시)
- 월 20만 엔의 순이익과 함께 부가가치 서비스에 의한 수익 증가도 가능
- 서비스나 이미지의 향상으로 인한 부수 수익이나 입주자의 건강 증진에 의한 의료비용 절감도 크다.

서비스 수익의 배분을 기대할 수 있다. 상주하는 간호사에게 유지 보수를 의뢰하면 추가 비용은 필요 없다. 리스크가 거의 없는 새로운 서비스를 제공할 수 있다. 나아가 입주자의 건강 관리 향상은 실

버타운 경영에 있어 최대의 리스크인 의료비용 절감에도 직결된다. 실버타운을 방문하는 친지나 가족에게도 분석 서비스를 개방하면 부수입이 될 뿐만 아니라, 입주자와 함께 건강에 대한 담소도 나눌 수 있을 것이다.

③ 쓰보타는 1대당 500만 엔에 판매하는 기기를 무료로 설치하게 되겠지만, 자기 부담(=리스크)은 제조 원가의 변동비로 겨우 200만 엔이다. 서비스 요금 수입으로 그 정도는 충분히 해결할 수 있을 것이다.

처음부터 가능성이 있는 아이디어라면 비즈니스 모델을 조금 바꿈으로써 파트너 전체를 만족시킬 수 있다. 물론 새로운 서비스이므로 새로운 방책도 필요할 것이다. 예를 들어 매일 측정해도 피부를 상하게 하지 않는 비침습형(=통증이나 자극이 없는) 채혈 부품의 채용이나 혈액의 순환도 측정 등 매일 사용하고 싶도록 하는 새로운 센서의 장비, 측정 결과나 과거의 데이터 분석을 바탕으로 건강에 대한 적절한 조언을 해 주는 기능, 전자 네트워크를 매개로 한 의사의 진단 등 여러 가지를 생각할 수 있다. 이와 같은 아이디어를 어떻게 실현해 갈 것인지 생각하면서 비즈니스 모델을 만들어 가도록 하자.

포인트 21 먼저 비용과 각자의 몫을 정하라

회수 엔진의 시점에서도 쓰보타의 예를 들어 각각의 파트너에 관해 비즈니스 모델을 확인해 보자.

비즈니스 모델을 설계하기 위해서는 최초의 단계에서 가격과 각각의 몫을 분배해 둘 필요가 있다. '귀찮으니까 나중에 조정하자'라고 생각하면 틀림없이 충돌이 발생한다. 파트너와는 서로 간에 금전적인 문제를 가장 먼저 해결하고 나서, 그 후 어떻게 목표를 향하여 비즈니스를 진행해 갈 것인가에 대해 긍정적으로 대화를 진행하는 것이 좋다.

① 입주자의 회수 엔진

쓰보타의 분석기로 측정할 수 있는 각종 검사를 병원에서 실시할 경우에는 3,000엔 정도의 비용이 들 것이다. 그러나 분석기를 실버타운에 설치하게 되면 언제든지 검사가 가능하고, 스스로 질병을 예방할 수도 있다. 물론, 충분한 검증이 필요하겠지만 월 2~3만 엔 정도를 지불하는 입주자도 많을 것이다.

② 실버타운의 회수 엔진

실버타운에서는 분석기의 설치를 위한 초기 투자가 필요 없지만, 시약 교환이나 입주자에 대한 서비스를 위해서는 나름대로 투자가 필요하다. 이를 위해서는 월 20만 엔 정도의 수익을 남길 필요가 있을 것이다.

③ 쓰보타의 회수 엔진

분석기의 판매 가격은 500만 엔이다. 2년 동안의 이용료로써 판매 가격과 동일한 금액을 회수할 수 있어야 한다고 하자. 시약이나 보수 원가는 무시해도 좋을 만큼 소액이라고 한다면, 1개월에 약 20만 엔의 매출이 있으면 된다(20만 엔×12개월×2년=480만 엔).

따라서 분석기 이용료의 매출은 월 40만 엔이 되어야 한다. 1인당 2만 엔의 이용료를 받을 경우 20명 이상의 이용자가 있으면 비즈니스 모델은 성립한다. 보다 규모가 큰 실버타운이라면 더욱 큰 이익을 예상할 수 있고, 그밖에 소규모 실버타운의 입주자가 이용료에 부담을 느끼는 곳이라면 저렴한 분석기를 제공하는 방법도 있다.

물론 현실적인 사업 계획을 만들기 위해서는 시약 비용이나 보수 비용, 기기의 교체 등을 고려하지 않으면 안 되고, 보험 제도나 의료 관련 법률, 각종 규제와의 관계도 고려하지 않으면 안 된다. 또한 기계의 용량이나 운영 프로세스 등 처음 단계에서 필요에 따라 개선점을 생각해야 한다.

Column　　비즈니스 모델의 변혁으로 비즈니스는 부활한다

일본은 휴대전화 대국이다. 중학생조차도 휴대전화를 가지고 다닌다. i모드 등의 정보 서비스도 세계에서 가장 먼저 보급되었다. 이에 반해 유럽에서는 비교적 최근까지 휴대전화가 비즈니스맨 전용 도구였으며 정보 서비스가 보급되기 시작한 것도 최근의 일이다.

일본 국민이 세계에서 가장 하이테크를 애호하기 때문일까? 그렇지 않다. 비즈니스 모델이 다른 것이다. 일본의 휴대전화 회사는 앞서 기술한 것처럼 제조업체로부터 단말기를 구입하여 미끼 모델에 따라 무료와 다름없는 가격으로 제공하고, 판매점도 배당 모델에 의해 열심히 판매한다. 이렇게 되면 학생의 용돈으로도 휴대전화를 구입할 수 있다.

그에 반하여 유럽에서는 제조업체가 휴대전화 단말기를 판매한다. 스스로 만들어 스스로 판매하는 일반적인 비즈니스 모델이기 때문에 판매 가격은 (원

가 이상의) 수만 엔에 달하는 높은 가격이 된다. 이와 같은 일본과 유럽의 비즈니스 모델 차이가 휴대전화 보급률의 차이를 더욱 크게 하는 원인이다.

휴대전화 서비스도 일본이 선행하고 있다. NTT도코모가 i모드 서비스를 시작한 1999년, 선행하던 유럽의 휴대전화 정보 서비스는 모두 실패함으로써 '휴대전화에 대한 콘텐츠 서비스는 성공하지 못한다'라는 것이 당시의 상식이었다. 그런데 i모드는 간단하게 대성공을 거두었다. 그러나 이러한 성공 뒤에도 비즈니스 모델의 전환이 있었던 것이다(148페이지의 [도표 20] 참조).

유럽의 통신 회사는 콘텐츠 공급자(CP)로부터 구입한 콘텐츠를 자사 전용의 서비스로 제공하고 있었다. 물건을 매입하여 판매하는 일반적인 비즈니스 모델이다. CP는 보유하고 있는 콘텐츠의 판매에는 열심이지만, 일단 납품한 콘텐츠의 개선에는 투자하지 않는다. 또한 판매하는 콘텐츠도 확실한 수요를 예상할 수 있는(= 리스크가 적은) 금융이나 뉴스 분야에 한정되어 있었다.

이에 반하여 i모드가 채용한 것은 개방된 플랫폼을 제공하는 '시장 주인형 모델'이다. 플랫폼에 대한 참가자를 늘리기 위해 월 300엔이라는 저렴한 기본료를 설정하고 엔터테인먼트 분야의 콘텐츠에도 정성을 기울였다.

또한 CP에게는 이용료의 약 90%를 지급하였다. 그 결과 CP는 자사의 콘텐츠에 대한 매력을 높이기 위해 필사적으로 노력한다. 콘텐츠의 재미가 새로운 사용자를 불러모으고, 사용자의 증가가 CP의 하고자 하는 의지를 높여주는 수확 체증이 작용함으로써 i모드는 폭발적으로 보급되었다.

물론 i모드의 성공 요인은 NTT의 관료 문화로부터 독립한 자유로운 분위기의 새로운 사고방식, 교묘한 마케팅 기법의 전개, 액정 등 소형화 기술의 진전, 때마침 사용할 수 있었던 패키지 통신망 등 그 외에도 여러 가지가 있다. 그러나 비즈니스 모델의 전환이 성공의 최대 요인이었음은 두말할 필요가 없을 것이다.

[도표 20] i모드 이전과 이후

i모드 이전(포괄형의 일반적인 비즈니스 모델)

콘텐츠 공급자(CP)

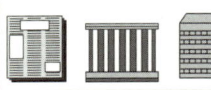

- CP는 한번 콘텐츠를 납품하면 지속적으로 개선하는 인센티브가 없다.
- 금융과 뉴스 등의 재미없는 콘텐츠

휴대 전화 회사

(콘텐츠를 구매하여 판매하는 일반적인 비즈니스 모델)

- 콘텐츠는 특수 언어(WAP)로 기록되어 휴대 전화 기술 안에서 완결. 그 외의 세계와는 연결되지 않는다.
- 휴대 전화 회사가 전체를 지배하는 사회주의형 비즈니스 모델

이용자

바쁘고 경제적으로 여유로운 비즈니스맨

- 포괄형의 비즈니스 모델이므로 서비스 요금은 필연적으로 고가임
- 고가의 정보 이용료를 지불할 수 있는 비즈니스맨만이 대상

i모드 이후(시장의 주인 모델)

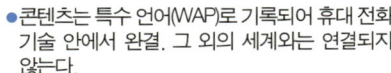

CP(인터넷과 호환되는 풍부한 콘텐츠를 제공)

- 지금까지 보유하고 있던 인터넷 콘텐츠를 i모드에서도 용이하게 전용 가능
- 자신들의 콘텐츠를 개선하면 수입이 늘어나므로 지속적인 개선이 가능한 강력한 인센티브

NTT 도코모
(오픈 플랫폼의 제공)

- 플랫폼의 유지 운용료로 9%를 가져가는 것 외에 기본료와 패키지 통신료를 사용자에게 부과할 수 있다.
- 지원 컨설팅에 의한 콘텐츠의 품질 향상

고객의 콘텐츠 액세스

- 월 300엔의 기본료와 저렴한 콘텐츠 요금으로 가볍게 이용할 수 있다.
- 다양한 콘텐츠를 장소에 관계없이 이용할 수 있다.

키 드라이버의 포인트

키 드라이버는 비즈니스의 수익과 직결되는 지표이다. 어떤 지표를 키 드라이버로 해야 하는지, 또 키 드라이버를 어떻게 사용해야 하는가에 대해 설명하고자 한다.

포인트 22 키 드라이버를 파악하라

경영 관리라고 하면 수치를 치밀하게 나열한 월간 경리장부를 경영 간부가 꼼꼼하게 검사하는 풍경을 상상하는 사람도 많을 것이다. 그러나 그런 장부는 작성한 경리부장 이외에는 그 누구도 내용을 파악하지 못한다. 또한 최종 손익의 수치만으로는 결과를 초래한 원인을 알지 못한다. 그렇게 되면 '이번 달은 모두 열심히 했다. 다음 달도 마음을 가다듬고 열심히 하자' 라는 정도밖에 말할 수 없다. 이래서는 경영 관리가 아닌 의식만 있을 뿐이다.

경영 관리란 이익의 확보를 위해 정확한 방법을 취하는 것이다. 이를 위해 비즈니스 전체의 수익성을 좌우하는 수치, 즉 키 드라이버(또는 KPI=Key Performance Indicator)를 모니터링 하도록 하자. 키 드라이버의 개선책이 비즈니스를 성장시키고, 키 드라이버에 악화의 전조가 나타나면 그 즉시 대책을 세울 수 있다. 경리 수치는 결과로서 나중에 따라오는 숫자이다. 키 드라이버의 예를 몇 가지 들어본다.

① 휴대전화의 키 드라이버 : ARPU

휴대전화의 매출은 '가입자 수 × 가입자당 매출 단가(ARPU=Average Revenue Per User)' 이다. 가입자 수가 포화 상태에 이른 현재는 ARPU의 향상이 휴대전화 회사의 지상 명제가 되고 있다. 지금까지는 패키지 요금제가 ARPU의 향상에 공헌해 왔지만 패키지 정액이 일반화되면 다음에는 서비스 이용 요금을 확대해 갈 필요가 있다. 그러므로 휴대전화 회사는 음악 송신이나 게임 등 새로운 콘텐츠 서비스를 투입하고 있는 것이다.

② 미디어의 키 드라이버 : 시청자 수

미디어 사업의 수익을 좌우하는 수치는 미디어의 시청자 수이다. 텔레비전의 경우는 시청률, 신문과 잡지의 경우는 발행 부수, 인터넷의 경우는 액세스 수가 해당한다.

미디어의 광고 수입은 시청자 수에 비례한다. 한편 원가는 종이 비용 등의 물리 비용을 제외하면 시청자 수에 관계없이 대체적으로 일정하다. 텔레비전 프로그램의 시청률에서는 1%의 차가 이익에 직결한다. 텔레비전 방송사가 시청률 경쟁에 혈안이 되는 것도 납득할 만 하다.

③ 콜 센터의 키 드라이버 : 통화율

콜 센터의 오퍼레이터가 고객과 대화하는 비율(통화율)이 낮으면 효율이 나쁘지만, 그렇다고 해서 통화율이 어느 정도를 넘어서면 언제까지나 '통화 중' 상태가 되어 고객의 만족도를 극단적으로 낮게 한다. 이와 같은 비율을 어느 일정 수준으로 항상 유지하는 것이

콜 센터의 운영에 필요하다.

④ 레스토랑의 키 드라이버 : 회전율과 고객 단가

레스토랑의 좌석 단위 매출은 '고객 단가 × 1일당 몇 명이 자리에 앉는가(회전 수)' 의 곱셈이다. 이 두 수치를 올리기 위해 디저트를 첨가하여 고객 단가를 올리거나 런치 타임에 요리 시간을 단축하는 등의 방법이 중요하다.

혼잡한 음식점이 맛있는 것은 회전수가 높아 그 만큼 재료비에 비용을 투자할 수 있기 때문이라고 할 수 있다. 또한 주문을 받고 나서야 장어를 굽는 레스토랑은 회전율이 떨어지므로 단가를 높일 수밖에 없다. 다만 같은 외식 산업이라도 초밥집의 경우에는 원가가 높고 보존이 어려운 생선 등의 재료가 원가의 높은 비율을 차지하므로 재료의 폐기율도 키 드라이버의 하나가 된다.

포인트 23 고정비형 비즈니스는 설비 가동률을 평준화시켜라

제지나 자동차 등의 장치 산업이나 호텔, 항공 산업 등 고정비가 원가의 커다란 비율을 차지하는 산업을 '고정비형 비즈니스' 라고 한다. 고정비형 비즈니스의 키 드라이버는 설비나 고정 자산의 가동률이다.

설비의 가동이 용량보다 낮거나 애써 비용을 투자한 설비가 가동되지 못하면 생산 효율도 나빠진다. 그렇다고 해서 가동이 용량을 초과하면 서비스를 제공하기까지 고객을 계속 기다리게 하거나(= 대기 행렬의 체류), 주문을 받아도 거절할 수밖에 없는 상황이 발생

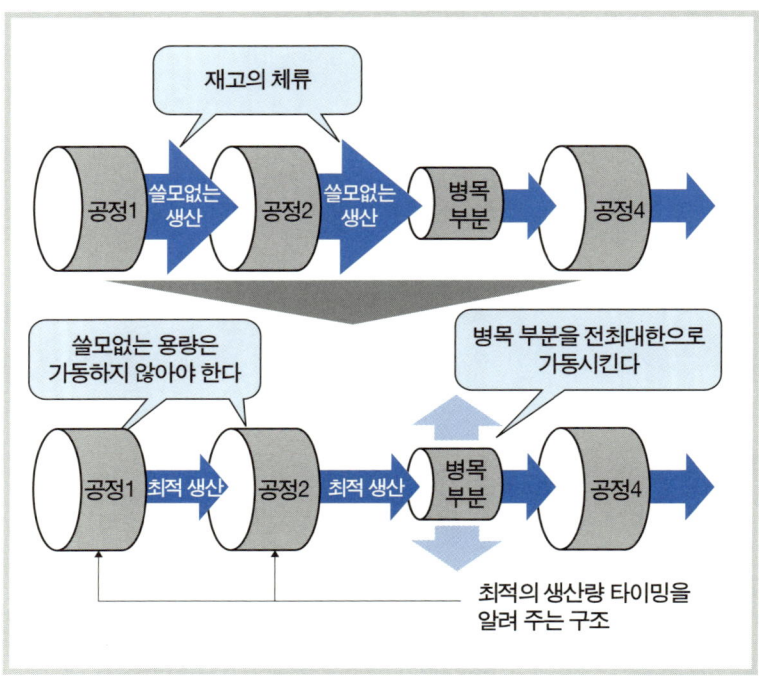

[도표 21] TOC(제약이론)

재고의 체류

공정1 → 쓸모없는 생산 → 공정2 → 쓸모없는 생산 → 병목 부분 → 공정4

쓸모없는 용량은 가동하지 않아야 한다

병목 부분을 전최대한으로 가동시킨다

공정1 → 최적 생산 → 공정2 → 최적 생산 → 병목 부분 → 공정4

최적의 생산량 타이밍을 알려 주는 구조

하게 된다(=기회 손실). 높은 가동률을 유지하면서 기회의 손실이나 대기 행렬을 최소화하기 위해서는 가동률을 평준화시킬 필요가 있는 것이다.

가동률을 평준화하기 위해서는 혼잡한 시간대의 가격을 올려 수요를 줄이고, 혼잡하지 않은 시간대의 가격을 내려 수요를 늘리는 방법이 많이 사용된다. 예를 들어 항공 회사, 여관, 호텔 등 여행 기관의 업종에서는 가동률에 따라 요금을 달리 적용한다. 연말연시와 여름 휴가철의 국제선 항공 운임 등이 상당한 차이가 나는 것은 잘 알려져 있다. 또한 고급 호텔에서도 당일에 공실이 있는 경우에는 반액 이하로 제공하는 곳도 많다.

그런데 프로세스 전체를 생각한다면, 각각의 기계에 대한 가동률이 올라갔다고 해서 기뻐해서는 안 된다. (152페이지의) [도표 21]을 보자. 생산 능력이 가장 낮은 병목 부분(Bottleneck)의 가동률이 올라간 것은 분명 기쁜 일이다. 그러나 그 외의 공정은 가동률을 올려도 헛된 재고를 만들뿐이다. 이익을 최대화하기 위해서는 병목 부분의 가동률만을 올리고 그 이외의 공정은 병목 부분의 능력에 생산량을 맞추어야 한다. 이것이 제약 이론(TOC=Theory of Constraints)의 골자이다. 듣고 보면 당연한 일이지만 병목 부분 이외의 공정은 가동하지 않는 것이 옳다는 지적은 조금 신선할지 모른다. 또한 제약 이론은 공장의 생산 이외에도 물류 프로세스, 사무 프로세스의 설계 등에 널리 응용할 수 있다.

포인트 24 비즈니스의 진화에 따라 키 드라이버도 바꾸자

키 드라이버는 한번 결정하면 금과옥조처럼 지켜야 하는 것이 아니다. 비즈니스의 진화에 따라서 유연하게 바꾸어야 하는 것이다. 쓰보타의 분석기 제조 공정을 예로 키 드라이버의 진화를 살펴보자.

① 제품을 시장에 투입한 때의 과제는 센서에 대한 신뢰성의 향상이었다. 출하 후의 불량품 발생률을 키 드라이버로서 관리하고, 품질 관리를 철저하게 하여 고객의 요구에 부응하도록 신뢰성을 높이는 데 힘썼다.

② 신뢰성이 충분히 만족할 수 있을 만큼의 수준에 달했더니 다음

은 생산비용의 절감이 급선무가 되었다. 센서 제조의 제품 생산성 및 공정별 제품의 생산성과 제조 시간을 키 드라이버로서 파악하고 불량의 발생 원인을 제거하여 제조 프로세스의 개선을 도모했다.

③ 제조원가도 충분히 개선했으므로 지금은 고객 만족도의 향상에 초점을 맞추고 있다. 고장이 발생한 때의 복구 시간이나 기술 지원의 대응 수준(외부 조사 결과)을 키 드라이버로 하여 그 개선에 중점을 두고 있다.

키 드라이버의 응용에는 '재무적 관점, 고객의 관점, 사내 비즈니스 프로세스의 관점, 학습과 성장의 관점' 이라는 4가지 관점에서 키 드라이버를 간편하게 정리한 밸런스 스코어카드(BSC ; Balanced Score Card)가 있다.

다만, 아무리 훌륭한 밸런스 스코어카드라고 해도 6개월만 지나면 경영 관리의 요구에서 멀어지게 된다. 6개월에 1회 정도로 "금번 회기는 이 수치를 'Unbalanced' 하게 개선하자!" 라는 정도의 기분으로 재검토하지 않으면 이 관리 방법은 표를 작성하는 것 자체가 목적화 된 반복 업무가 되어 얼마 지나지 않아 소용없게 된다.

우리는 지금까지 1장부터 3장의 내용을 학습하면서 시장과 경쟁전략(Competitor), 고객과 마케팅(Customer), 파트너와 비즈니스 모델(Company)의 3C를 알 수 있었다. 이러한 3개의 C야말로 비즈니스의 3C라는 기본 요건이다. 3개의 C를 확실하게 익혔다면 마지막으로 '자기 자신과 조직의 포인트' 로 이동하자.

4장

자신을 돌아보는 조직의
전략사고

- 성숙의 시대에 적응할 수 있는 조직을 만들어라

4

상황 ④ :
쓰보타 실버타운 사업 준비실에서

고쓰보 주임이 관여하고 있는 실버타운 프로젝트는 다이쓰보 실장을 중심으로 한 검토 팀이 약 1개월 동안 여러 의견들을 정리하여 본사 임원실에서 프레젠테이션을 했다. 프레젠테이션을 성공적으로 수행함으로써 정식으로 '사업 준비실' 을 편성하게 되었다. 준비실은 기획, 영업, 재무 등 각 부서에서 직원들을 선발했고, 실장은 다이쓰보 실장이 겸임하기로 했다. 검토 팀에서 크게 활약한 고쓰보 주임은 사업 준비실의 전임이 되었다.

결단과 실행이야말로 경영의 핵심이다

고쓰보 주임 : "다이쓰보 실장님, 1개월 동안 꽤 바빴네요. 어제는 대학 동기와 한 잔 했습니다만, 1개월의 검토 결과로 새로운 조직이 생겼다고 했더니 상당히 놀라더군요."
다이쓰보 실장 : "그래, 그게 바로 쓰보타의 좋은 점이지! 실버타

운 프로젝트의 우선도가 높다는 것을 알게 되었기 때문에 다른 프로젝트를 중단하고 먼저 시행하기로 결정한 거지.

고쓰보 주임 : "그렇군요. 그 대학 동기는 유명 기업에 다니고 있습니다만, 담당하고 있는 프로젝트의 시행 여부가 1년이 넘도록 정해지지 않아 상심하고 있었습니다."

다이쓰보 실장 : "그렇다면 프로젝트를 중단하는 것이 옳을 텐데…."

고쓰보 주임 : "그 회사는 '선택과 집중'을 슬로건으로 하고 있는 회사랍니다. 그렇지만, 결국 경영자가 의사 결정을 할 수 없으면 어쩔 수 없나 봅니다."

다이쓰보 실장 : "그렇군. 지금까지 정성을 기울였던 사업이라면 누구든지 단념하기가 쉽지 않겠지만, 그런 것을 결정하는 것이 경영자의 일이지."

문화로 조직을 나누어라

다이쓰보 실장 : "그런데 지난주에 있었던 경영 연수는 어땠나?"

고쓰보 주임 : "조직에 관한 내용이었습니다. '기능별 조직'이나 '사업부 편제' 등을 배웠습니다. (잠깐 뜸을 들이다가) 쓰보타는 '혼합형' 조직이지요? 우리처럼 의료기기 사업부도 있지만, 그밖에 제조나 영업 같은 기능별 조직으로 나뉘어져 있으니까요."

다이쓰보 실장 : "과연, 연수를 받더니 조직 이론에 관한 개념을 확실하게 배웠군. 그렇다면 실버타운 프로젝트를 위한 새로운 조직

은 어떻게 하면 좋을지 의견을 제시해 주겠나?"

고쓰보 주임 : "저의 의견을 말씀드린다면, 같은 분석기기이므로 제조 부문은 같다고 할 수 있습니다. 역시 이 사업의 열쇠를 쥐고 있는 것은 실버타운에 대한 영업 활동이기 때문에 영업부 아래에 두는 것이 좋지 않겠습니까?"

다이쓰보 실장 : "음! 영업부의 조직 문화는 매출을 최고의 가치로 두는 것인데, 이렇게 작은 사업을 영업부 아래에 두면 나카유키 실장이 과연 열심히 팔아줄까?"

고쓰보 주임 : "과연 이 사업에 정말 필요한 것은 매출 실적으로 승부하는 영업부의 문화와는 다르군요. 어쩌면 규모가 작아도 독립된 조직으로 운영하는 편이 좋을지도 모르겠습니다."

다이쓰보 실장 : "그럴지도 모르지. 우선은 특별 조치의 하나로 소규모 영업 조직을 만든 후 시행착오를 하면서 여러 가지 접근 방법을 강구하고, 그런 다음 판매 방법이 확정되면 나카유키 실장으로 하여금 열심히 팔도록 하면 되지 않을까?"

고쓰보 주임 : "과연, 그렇게 되면 여러 가지로 움직이기 쉬울 것 같습니다."

업무를 즐겁게 하여 사람을 움직여라

고쓰보 주임 : "실버타운 사업을 본격적으로 전개하기 위해 구성원들을 사내에서 공모하려고 하는데, 어떻게 하면 좋겠습니까? 업무가 많다고 해서 급여가 늘어나는 것도 아니고⋯."

다이쓰보 실장 : "그럼, 고쓰보 주임이나 준비실의 직원들은 왜 이 프로젝트를 담당해서 바쁜데도 불구하고 즐겁게 일하고 있는 거지?"

고쓰보 주임 : "주어진 일이기 때문에 하는 것도 있습니다만, 가장 큰 이유는 재미있기 때문입니다."

다이쓰보 실장 : "그렇지? 게다가 여기서 새로운 사업을 런칭시키는 방법에 대해 배우면 앞으로의 업무에 반드시 도움이 될 거야. 다음 번에는 더욱 큰 업무를 맡겠지. 그렇다면, 직원 공모의 포인트는 이 사업의 최대 보수를 '재미있는 업무를 수행하면서 새로운 것을 배울 수 있다' 라는 것으로 정하고 홍보하면 되지 않을까?"

고쓰보 주임 : "고생하면서 새로운 업무를 배우는 것보다 한가한 것이 좋다고 생각하는 사람이 오면 구성원들 간에 불행한 일일 겁니다."

아끼는 부하직원에게는 여행을 시켜라

(다이쓰보 실장이 고급 식당에서 고쓰보 주임과 자리를 함께 하고 있다. 이런 장소가 처음인 듯한 고쓰보 주임은 약간 긴장한 듯 하다.)

다이쓰보 실장 : "자, 다음 달 1일에는 영업이나 기술 서비스 등 10명을 선발한 새로운 조직이 탄생하는군. 그 전에 축하해 두자구!"

고쓰보 주임 : "네, 예상외로 많은 사람들이 참가를 원해서 거절하는 게 어려울 정도였습니다. 그렇지만 새로운 부서가 생긴다니

두근거리는군요. 다이쓰보 실장님은 새로운 부서의 책임자로서 앞으로 힘들겠습니다."

다이쓰보 실장 : "아니, 나는 지금까지 대로 기획실장의 역할을 담당할거야. 새로운 부서의 실장은 고쓰보 주임이 해주었으면 하는데…."

고쓰보 주임 : "(너무 놀라 할 말을 잃음). 아닙니다. 저는 아직 젊고, 경험도 부족합니다."

다이쓰보 실장 : "아니, 아직 젊으니까 앞으로 경험을 쌓았으면 하는 것이네. 사업의 책임자는 다른 포지션과는 전혀 달라. 사업의 책임자는 성공도 실패도 모두 받아들이지 않으면 안 되는 배울게 많은 위치라고 할 수 있지. 그런데 지금까지 쓰보타는 50대가 되어서야 비로소 사업의 책임자가 되는 사람이 많았어. 이것은 본인은 물론 회사에도 매우 불행한 일이지."

고쓰보 주임 : "…."

다이쓰보 실장 : "그러니까 고쓰보 주임처럼 전도가 양양한 젊은 사람에게 작은 조직의 책임자를 경험하게 해서 회사 경영 자체를 체험하도록 하고 싶네. 그래서 경영자 역할을 할 수 있는 인재의 폭을 두텁게 하려는 생각인데, 고쓰보 주임이 한층 더 노력해 주지 않겠나?"

2

강의 ④ :
'비전'으로 조직을 움직여라

당신과 회사의 관계가 변한다

당신은 왜 현재 회사에 근무하고 있는 것일까?

정답은 그것이 당신에게 있어 최선의 선택이기 때문이다. '어림도 없지, 지금의 이 별 볼일 없는 회사의 어디가 최선이야' 라며 혀를 차는 사람도 본인이 회사에 계속 남아 있는 한 전직할 직장이 없거나, 조건이 나쁘거나 혹은 귀찮거나 해서 결국 현재의 회사에 남는 것이 자신이 선택한 최선의 것임에 틀림이 없다.

그렇다면, 회사는 왜 당신을 채용한 것일까?

그것은 회사가 '당신을 채용하면 회사에 이익이 된다' 라고 생각했기 때문이다. 채용하고 나서 나중에 후회하게 된다고 해도 채용한 시점에서는 회사를 위해 채용하는 것이다.

이처럼 조금은 서로 모순되는 이해관계 안에서 근무 습관이나 급여 체계 등에 대한 최적의 해결책이 정해진다.

성장의 시대에서 성숙의 시대로 옮겨가고 있는 가운데 회사의 존재 의의도 변화하고 있다. 적어도 10년 후가 되면 지금까지 기업 사회의 구조를 지탱해 왔던 세대가 연공서열이란 최후의 수확을 가지고 점차 떠나면서 전원 퇴출된다. 그때 당신과 회사의 관계는 어떻게 될까?

다음에 제시한 칼럼은 성공 시대의 조직 색채가 짙은 1980년대의 중공업과 대기업 중심의 산업에서 성숙의 시대에 맞는 조직으로 거의 변화한 1990년대의 외국계 컨설팅 회사나 2000년대의 인터넷 벤처로 이동한 내 개인적인 경험에 바탕을 둔 부분이 크다. 그러나 이 칼럼을 통해서 당신과 회사와의 관계를 생각해 보기 바란다.

Column　　**성장의 시대에서 최적의 답은 연공서열이었다**

1950년대 고도 성장의 개시와 함께 확립된 일본의 기업 시스템은 1990년대의 거품 경제가 붕괴될 때까지 거의 완벽하게 기능했다. 일본 기업 시스템의 중핵을 이루고 있었던 종신 고용과 연공서열은 회사와 근로자가 상호간에 요구하는 최적의 답이었다.

어쨌든 고도 성장 이전의 일본 국민은 지금으로서는 믿을 수 없을 만큼 가난했다. 많은 사람들의 꿈은 그저 배부르게 먹을 수 있게 되는 것이었고, 자동차를 구입한다는 것은 상상도 할 수 없는 다른 세계의 일이었다. 1인당 GNP는 지금의 북한보다도 낮았을 정도였다.

예전에는 부자가 되기 위해서 전 국민이 일치단결할 수 있었던 시대였다. 그리고 부자가 되기 위한 가장 빠른 길이 자신의 회사를 크게 성장시키는 것이었다.

회사의 규모가 커지면 급여 등 복지 혜택이 늘어난다. 신입사원 시절의 적은 급여에도 불구하고 열심히 노력해서 출세하면 이후의 생활은 편해진다. 급여가 올라가면 맛있는 것도 먹을 수 있고, 텔레비전이나 에어컨 등 갖고 싶었던 물건도 살 수 있게 된다.

회사의 입장에서도 종신 고용으로 묶어 놓은 사원은 회사를 신뢰하게 되어 다른 것에 신경쓰지 않고 열심히 일해 주는 존재였다. 성장의 시대에서 연공서열과 종신 고용은 회사와 사원 모두를 행복하게 하는 이상적인 구조였다. 지금은 냉혹한 경쟁 사회의 대명사로 일컬어지는 미국에서도 1960년대까지 성장의 시대에는 종신 고용과 연공서열이 당연한 세계였다.

그런데 더 이상 성장을 기대할 수 없게 되자마자 연공서열의 구조는 뒤틀리기 시작한다. 기업의 입장에서는 급여의 인상도, 출세도 약속할 수 없게 되었다.

1990년대 이후의 현실을 살펴보자. [도표 22]는 어느 기업의 사원 구성과 급여 구성을 나타낸 그래프이다. 자동적으로 급여가 늘어난 50세 이상의 세대를 위해서 실질적인 부가가치를 창출하는 20~30대가 착취당하고 있는 것을 잘 알 수 있다. 또한 조직은 변하지 않은 채 그대로이므로 직위도 '부장, 부부장' 이라는 의미를 알 수 없는 직책만 계속 늘어났다.

50대에 속한 세대는 '젊은 시절에 열심히 일하면 나중에 편안한 생활을 할 수 있다' 라고 생각해서 열심히 일해 왔다. 그렇기 때문에 그들은 지금 업무에 비해 높은 급여를 받는 것에 대해 당연한 권리로 생각하고 있다. 주택 구입 자금 대출도 남아 있고, 자녀가 대학을 졸업할 때까지 급여가 줄어들면 곤란하다는 게 그들의 본심일 것이다. 수확기에 들어선 그들은 지금의 구조를 가능한 한 연장시킴으로써 혜택을 누릴 수 있는 방법을 찾고 있다. 이러한 생각으로 기업에 매달려 있는 세대로부터는 지금까지의 구조를 혁신적으로 바꿀 수 있는 참신한 제안이나 리스크를 동반하는 새로운 비즈니스가 나오지 않는다.

그러한 세대에 비해 젊은 세대는 불안하기만 하다. 10년 후에도 같은 기업에서 근무하게 될 거라고 믿을 수도 없다. 잘못하면 (모양새가 나쁜) 성과주의에 의해 쫓겨나게 될 수도 있다. 이러한 입장에 놓여 있는 젊은 사원들에게 '지금 당장은 힘들겠지만 나중에는 좋아질 것이다' 라는 식의 설교를 해도 납득할 리가 없다. 그들에게는 '현재의 노력으로 인한 성과가 있다면, 지금 당장 받아야 한다' 라고 생각하는 것이 보통일 것이다.

성장의 시대에서는 일본 경제의 활력의 기초가 되었던 연공서열도 성숙의 시대에 들어선 지금, 일본 전체의 활력을 방해하는 최대의 병폐가 되고 있는 것이다.

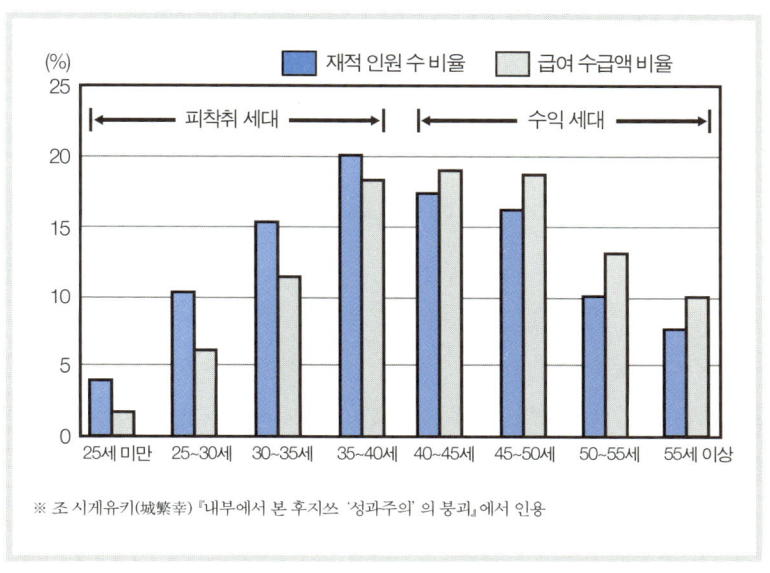

[도표 22] 연공서열 제도 하의 인원 수 비율과 급여 수급액 비율

재적 인원 수 비율　급여 수급액 비율

(%)

피착취 세대　　　　　　수익 세대

25세 미만　25~30세　30~35세　35~40세　40~45세　45~50세　50~55세　55세 이상

※ 조 시게유키(城繁幸) 『내부에서 본 후지쓰 '성과주의'의 붕괴』에서 인용

통제형 조직에서 지식형 조직으로

　성장 시대의 기간 산업은 중화학 공업이었다. 신닛데츠(新日鐵)가 '철강이 곧 국가'라고 주장하며 오랜 기간 일본 최대의 기업으로 군림하며 경단련을 통하여 산업계를 지배해 왔다. 대학생의 인기 취업 순위에는 관청이나 은행과 함께 중화학 공업의 대기업이 이름을 올려놓고 있었다.

　중화학 공업의 성공을 위해서는 많은 자본을 장기 계획에 근거하여 효율적으로 투자하는 계획 경제가 가장 효율적이다. 계획 경제를 실현하기 위해서는 우수한 두뇌가 모든 것을 지휘하는 통제형 조직(=피라미드형 조직, 관료 조직)이 최적의 조직이 된다.

이러한 통제형 조직에서는 중앙의 우수한 두뇌가 모든 정보를 가지고 말단의 생산 라인이나 하청 기업의 구석구석까지 명령을 내린다. 좋은 회사란 통제형 조직 피라미드의 정점에 선 사령탑, 즉 관청이나 은행, 혹은 재벌계 대기업이었다.

그러한 통제형 조직이 누렸던 강점의 원천은 올바른 명령을 내리는 우수한 두뇌와 명령에 복종하는 좋은 톱니바퀴를 갖추는 것이었다. 그 곳에서 일하는 것은 쥐색 양복으로 몸을 감싸고, 조직에 1일 24시간의 충성을 맹세하는 기업 전사들이었다. 일본뿐만이 아니라 구 소련의 5개년 계획, 1960년대 미국의 자동차 산업 등은 모두 이와 같은 통제형 조직을 기반으로 하여 중화학 공업의 육성에 성공했다. 민주주의나 개인의 개성과 같은 성가신 것들에 대해서 이야기하는 이들은 계획 경제를 완수할 수 없었다.

그러나 성숙의 시대에서 기간 산업은 지식 산업으로 바뀐다. 그에 따라 최강의 조직도 변화한다. 지식 산업의 대표적인 예로는 소프트웨어 개발이나 첨단 의료 등의 고도 기술 산업, 마케팅이나 투자 은행 업무, 컨설팅 등이 있다. 새로운 산업만이 아니다. 과거의 오래된 산업도 지식 산업으로 진화하고 있다. 제조업에서도 지금은 상품 기획이나 마케팅이 회사 안에서 가장 중요한 기능을 담당하고 있다. 생산 현장에서도 군대와 같이 일사불란하게 상하로 명령을 전달하던 생산 라인은 과거의 유물이 되었다. 국내 최강의 중공업 기업인 도요타의 강점은 현장에서의 지혜를 조직 전체에서 공유하는 구조에 있다. 이것은 지식 산업의 강점 그 자체이다.

지식 산업의 유일한 경쟁력은 '지혜' 이다. 지식 산업의 경쟁력의 원천은 구성원이 협력하여 상호 간에 보유하고 있는 지식을 공유함으로써 고도의 해결책을 찾는 것이다. 한 사람 한 사람의 개성과 경험을 최대한으로 발휘하여 조직 전체의 지혜로서 통합할 수 있는 조직이 가장 강하다. 규모는 이미 강점의 원천이 아니다. 중앙으로만 정보가 모이는 관료 통제형의 조직은 힘을 약화시킨다.

지식 산업에서 가장 강한 조직은 자율 분산형 조직이다. 각각의 구성원이 고도의 지식을 가지고 중앙의 세세한 지시가 없어도 조직의 목적을 달성하기 위해 자율적으로 역할을 분담하여 일하는 조직이다. '오케스트라형 조직', 혹은 '팀형 조직' 이라고 하면 이미지를 떠올리기 쉬울 것이다.

이러한 자율 분산형 조직(이하 '지식형 조직')은 통제형 조직에 비해 유연하다. 실제로 회사 안에서도 팀 리더라든가 프로젝트 리더와 같은 유연한 느낌의 직위가 2000년경부터 갑자기 늘어나고 있다. 또한 관리직을 그 직위가 아니라 '~씨' 라고 부르는 회사도 늘어나고 있다. 부장이나 과장 같은 직위를 남발할 수 없다는 일면도 있지만, 업무 내용의 변화에 따라 기업의 조직도 서서히 지식형으로 바뀌어가고 있는 것이다.

통제형 조직은 정사원을 핵으로 한 균일한 '톱니바퀴' 같은 사원을 갖춘 한 덩어리의 바위였다. 그러나 지식형 조직에서는 업무에 필요한 기술을 모두 자사의 정사원만으로 구비할 수는 없다. 변화가 빠른 경쟁 환경에 대처하기 위해서는 외부로부터의 새로운 관점이나 지혜가 조직에 더욱 필요해지기 때문이다.

그러한 지식형 조직에서는 외부의 관점에서 지혜를 도입하는 컨설턴트나 특기를 지닌 계약 사원이 중요한 역할을 담당하게 된다.

현실적으로 사회에서도 지금까지 자사 중심주의(자사의 힘으로 모든 것을 해결하려는 생각)로 비즈니스를 진행해 왔던 전통적인 대기업이 아웃소싱이나 컨설턴트를 적극적으로 활용하고 있다. 갈색으로 염색한 머리나 청바지 같은 이질적인 문화도 회사 안에서 익숙해진지 오래다.

물론 모든 조직이 통제형 조직을 버리고 새로운 조직을 취하는 것은 아니다. 예를 들어 콜 센터나 레스토랑 체인점 등의 정형적인 시스템을 움직이기 위해서는 규율과 통제가 필요하다. 다만, 통제가 따라야 하는 업무는 비교적 급여가 적은 이들이 분담한다. 높은 부가가치를 창출하는 사람, 통제 규칙을 만드는 사람은 지식형 조직 안에서 지혜를 짜내지 않으면 안 된다.

야구형 조직에서 축구형 조직으로

통제형 조직과 지식형 조직을 비교할 때는 야구와 축구 조직의 차이점에 비추어 생각하면 알기 쉽다. 야구 조직은 통제형에 가깝다. 각각의 위치에 역할이 정해져 있고 타순도 정해져 있다. 선수는 감독의 세세한 지시에 따라 움직인다. 그리고 경영자인 구단주는 무엇을 하고 있는지 잘 알 수 없다.

이에 반해 축구 조직은 지식형에 가깝다. 위치의 전체적인 틀은 정해져 있지만 해야 할 일은 선수 자신이 시합의 흐름을 읽고 판단한다. 감독은 일일이 지시하는 관리자가 아니며, 시합 중에는 전체의 흐름을 보고 최적의 전략을 제시하는 리더의 역할을, 시합이 없

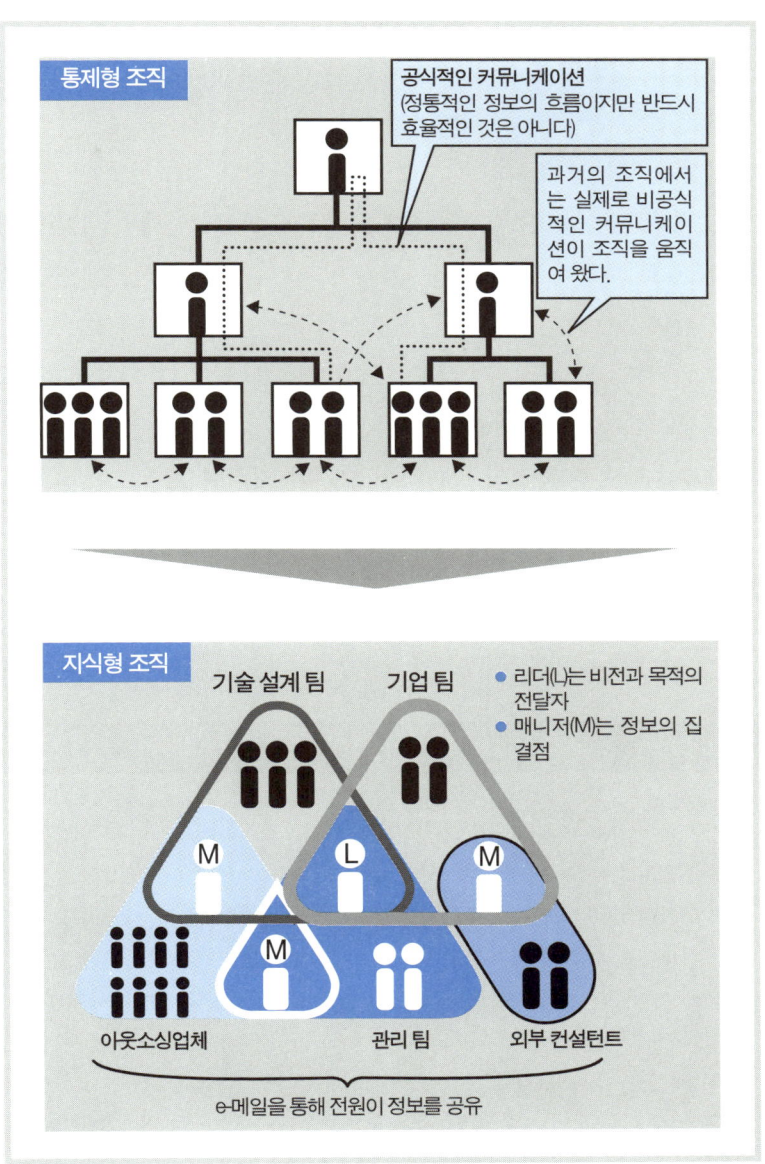

을 때는 선수의 성장을 지도하는 코치의 역할을 한다.

또한 야구에 비해 축구가 압도적으로 속도감이 있다. 매 순간 시합의 흐름이 변할 뿐만 아니라 절반이 벤치에서 쉬고 있는 야구 선수와는 달리 전원이 경기장에서 달리고 있다.

실제로 지식형 조직이 경쟁하는 시장 환경도 자주 변한다. 지식형 조직에서는 인간보다 7배나 빠른 속도로 흐르는 '개의 시간(Dog Year)'으로 시간이 진행된다는 설이 있다. 저자가 느끼는 실감도 그에 가깝다. 통제형 조직이 1주일에 걸쳐 하는 업무를 지식형 조직은 그것의 7분의 1 시간 내에 끝낼 정도로 속도감이 있다. 또한 사원은 모두 달리고 있는 느낌이다.

1990년대 이후 축구의 폭발적인 인기와 지식형 조직으로 전환하고 있는 2004년 프로야구의 커다란 변화를 보면서 지금까지 통제형이었던 조직에 변화의 태동을 느끼고 있는 것이 저자만은 아닐 것이다.

Column 커뮤니케이션 도구의 진화가 조직의 형태를 바꾼다

조직은 커뮤니케이션에 의해 움직인다. 통제형 조직에서 지식형 조직으로의 전환은 커뮤니케이션 툴의 진화에 의해서도 이루어지고 있다.

예전의 커뮤니케이션 툴은 정말로 빈약한 것이었다. 1990년대 중반까지는 전자 메일이나 휴대전화가 거의 사용되고 있지 않았다. 1980년대 중반까지는 퍼스널 컴퓨터나 워드 프로세서도 거의 없었고, 1970년대에는 복사기가, 1960년대에는 유선 전화가 귀중품이었다. 그 당시, 복사는 카본지나 감광지에, 계산은 주판으로, 활자 문서는 타이프 대행점에 의뢰해 작성하는 시대였다. 오늘날에는 누구나 손쉽게 수행하고 있는 정보의 작성(엑셀이나 워드), 복제(카피나 프린트), 유통(휴대전화나 전자 메일)도 예전에는 모두 고가품이었다.

통제형 조직은 그러한 예전의 커뮤니케이션 툴 시대에 생겨난 조직이다. 공식적인 정보는 엄격하게 조직의 형태에 따라 상하로 움직인다. 조직 내에서 정보를 공유하기 위해서는 회의가 가장 유효한 수단이었다. 부장이나 과장은 관련 부서의 정보를 쥐고 있는 지위인 만큼 절대적인 힘을 가지고 있었다.

그렇다고 해도 조직을 움직이기 위해서는 타 부서와의 협력이 불가결하다. 이 점에서 일본 기업은 미국 회사에 비해 압도적으로 강했다. 입사 동기의 네트워크나 수평적인 인사 이동, 빈번한 회식이나 사택 안에서의 운동회 등에 의해 횡적 부문과도 밀접한 인적 네트워크(= 비공식 그룹)를 만들 수 있는 구조였기 때문이다. 빈약한 툴을 보완하는 다양한 구조가 일본 기업의 빠른 속도와 강점의 비밀이었다.

그런데 오늘날에는 커뮤니케이션의 주역이 전자 메일 등의 전자 툴로 이동했다. 다른 부서, 다른 조직과의 정보 공유나 논의를 하기 위한 정밀하고 개인적인 인적 네트워크는 필요 없다. 압도적으로 효율적인 툴이 보급되어 있는 요즘, 통제형 조직을 인적 네트워크로 보완하는 기업 문화가 그 강점을 잃어버리게 되는 것은 당연하다.

지금까지의 조직론은 무익하다

조직에 대한 이야기를 할 때, 조직에 관한 지식이 있는 사람은 제조나 영업 등 회사의 기능별로 조직을 나누는 기능별 조직이나 제품 라인으로 조직을 나누는 사업부별 조직, 기능과 제품의 양방을 축으로 관리하는 매트릭스 조직과 같은 이야기, 즉 조직도에 관한 이야기가 주제가 될 것으로 생각할 지도 모른다. 그러나 지식형 조직의 조직론은 전혀 다르다.

통제형 조직의 조직도와 조직론이란 '어떻게 조직의 형태를 만들어 그곳에 사람(= 톱니바퀴)을 배치하는가'에 관한 논의였다. 하지만 지식 산업에서 일하는 사원은 톱니바퀴가 아닌 개성을 가진 인간이다. 지식 산업의 조직론은 지금까지와는 반대로 사람이 출발점이 된다. 조직 내에서 개인의 능력이나 의욕을 얼마만큼 높여 가는가, 개인의 요구와 조직의 목표를 어떻게 맞추어 가는가 하는 것이 논의의 중심인 것이다.

게다가 조직도를 만지작거리기보다는 '경영자 자신이 무엇을 해야 하느냐'가 무엇보다 중요해지고 있다.

예를 들어 닛산(日産)이 부활한 것은 사장이 '카를로스 곤'으로 바뀌고 난 후부터다. 닛산의 조직이나 닛산의 사원이 바뀐 것은 아니다. 물론 부문에 따라 횡단적인 새로운 조직이 생겼지만, 곤 이전의 사장이 같은 조직을 만들었다면 아무런 기능도 하지 않았을 것이다.

이것은 비즈니스 세계에서만 일어나는 일이 아니다. 2002년의 한신(阪神) 타이거즈는 호시노 센이치(星野仙一) 감독이 선수의 능력을 최대한으로 발휘시켜 우승했다. 조직도에는 아무런 변화도 없었지만 한신은 호시노 감독 아래 승리하는 조직으로 바뀐 것이다.

성숙의 시대에는 아직 새로운 인사·조직론이 확립되어 있지 않다. 그리고 지금까지의 연공서열 제도와 같은 만병통치약이 없어진 지금, 사람에 의해, 기업에 의해 조금씩 다른 최적의 해답을 찾아가게 될 것이다.

비전과 신뢰가 지식형 조직을 움직인다

통제형 조직이란 명령과 통제에 의해 움직이는 조직이었다. 그에 반하여 지식형 조직에서는 비전, 즉 조직이 공유하는 목적이 유기적으로 조직을 움직여 간다. 구성원 한 사람 한 사람이 같은 목적을 함께 지향하고 자발적으로 생각하며 조직을 움직여 간다.

필자의 말이 듣기 좋은 말에 불과하다고 생각한다면 축구를 생각해 보자. 팀의 목적(월드컵 출전이나 리그 대회 본선 진출 등)을 달성하기 위해 선수들은 스스로 판단하여 슈팅을 날리는 것이다.

비전이란 '5년 후, 10년 후에 자신들이 무엇을 하고 있을까?' 하는 꿈을 두근거리는 마음으로 이야기하는 것이다. 그리고 꿈을 실현하기 위해서 지금 무엇을 목표로 해야 하는가를 분명하게 파악하고, 꿈의 실현을 향해 현실적인 목표를 설정하는 것이다. 쓰보타의 비전을 예로 들면, '5년 후에 분석기 분야의 최고 기업이 되는 것'이 비전이고, 그것을 달성하기 위해 '다음 회기에 매출 100억 엔을 달성' 하는 것이 목표일 것이다.

그러나 비전을 갖는 것만으로 조직은 움직이지 않는다. 비전을 머리로 이해하고, 마음으로 공감하며, 마음 속에서 받아들였을 때, 비로소 사람과 조직은 움직인다. 이때 필요한 것이 조직에 대한 신뢰와 구성원 상호 간의 신뢰 관계이다.

지식형 조직의 업무란 서로 지혜를 짜내어 새로운 가치를 창출해 가는 것이다. 매뉴얼에 따라 수행하면 진행할 수 있는 업무는 어디에도 없다.

서로 지혜를 짜내기 위해서는 함께 일하는 사람들을 이해하고 그

장점과 결점, 업무의 진행 방법이나 버릇, 그리고 업무에 대한 가치관 등을 공유해야 한다. 자신이 상대방을 이해하고 상대방도 자신을 이해하는 것이 업무를 진행하는 데 기초가 된다. 동료와의 신뢰 관계, 그리고 조직에 대한 신뢰, 비전에 대한 공감·공명이 업무를 진행하는 데 필요하다. 상호간의 신뢰 관계 없는 상태에서 업무는 절대로 진행되지 않는다는 것을 명심하라.

통제형 조직에서는 명령만 내리면 부하직원이 움직였다. 그러나 지식형 조직에서 일하는 사원을 명령과 규율만으로 묶으려 한다면 능력이 있는 사람일수록 도망가고 말 것이다. 지식형 조직을 움직이는 것은 통제형 조직을 움직이는 것보다 훨씬 어렵다. 그러나 톱니바퀴가 아닌 인간을 움직이는 것인 이상, 이것은 피해 갈 수 없다.

그러나 일단 구성원이 서로를 신뢰하고 비전을 공유하여 하나의 벡터를 목표로 하게 되면 지식형 조직은 강하다. 지금까지의 경험을 떠올리면 알 수 있을 것이다. 최고의 성과를 올리는 조직이란 같은 목적을 향해 동료가 서로 신뢰하고 일체감에 불타는 조직이다. NHK의 '프로젝트 X'에 방영된 회사나 순조롭게 앞으로 나아가고 있는 축구팀을 상상하면 이해가 쉬울 것이다. 그러한 조직이 이상적인 지식형 조직이라고 생각한다.

공정한 평가와 인센티브가 사기를 높인다

지식형 조직이 이루어낸 성과는 구성원의 의욕(모티베이션)에 따라 수 배, 때로는 수십 배의 차이가 난다. 의욕이 높아지면 지혜도 더욱 샘솟지만 의욕을 잃어버리게 되는 순간 지혜도 떠오르지 않게 된다. 그런 경험은 당신에게도 있을 것이다.

모티베이션을 향상시켜 조직에 기여하도록 하기 위해서는 사원의 업무에 대하여 공정한 평가를 하고 평가에 따라 적절한 대가(인센티브)를 제공하는 것이 매우 중요하다.

공정하게 평가받는다는 것을 알게 되면 조직에 대한 신뢰는 높아진다. 또한 평가를 통해서 자신의 장점과 단점을 알게 될 뿐만 아니라 역할이 명확해지면 어떻게 해야 조직에 더욱 기여하고 높은 평가를 받을 수 있는가를 알게 된다.

물론 공정한 평가라는 것이 말하기는 쉽지만 실현하기는 매우 어렵다. 최근의 성과주의에 대한 도입 사례 등을 보면 마치 실패한 샘플들을 전시하고 있는 듯 하다. 공정한 평가를 실시하기 위한 힌트는 다음에 제시하는 '포인트'에서 설명하도록 한다.

노력하여 성과를 창출하고 높은 평가를 받은 사람에게는 정당한 대가로 보답했으면 한다. 이렇게 함으로써 '다음에 더욱 열심히 하자'라는 의욕을 이끌어 낸다. 다만, 지식형 조직이 제공해야 하는 인센티브는 반드시 금전적인 것만은 아니다. 이것도 뒤에 제시하는 '포인트'에서 설명하겠다.

'공정한 평가'라고 하면 조건 반사적으로 '인간 관계가 껄끄러워진다'라고 하는 일교조(일본 교직원 조합)적인 반론의 소리가 높아진다. 이렇게 주장하는 사람은 공정한 평가로 인해 손해를 보는 사람, 즉 조직에 매달려 있으면서 평등의 달콤한 열매만을 따먹고 있는 사람들이 아닌가 하고 의심해 본다.

실제로 360도 다면 평가를 하면 지금까지 상사에게(만) 높은 평가를 받기 쉬웠던 아부형의 평가가 오히려 낮아지고, 눈에 띄지는 않지만 열심히 일하는 노력형이 정당한 평가를 받게 된다. 올바른 피드백은 본인에게도 득이 된다. 실제로 출근 시간을 지키지 못하는 지각 등의 작은 부분에서부터 지도 능력의 결여와 같은 중대한 문제에 이르기까지 타인이 보는 결점을 본인은 전혀 깨닫지 못하는 부분이 많다. 깨닫지 못했기 때문에 방치한 채로 태연하게 있을 수 있는 것이다.

결점에 대한 피드백은 괴로운 일이지만 본인을 위한 새로운 깨달음도 많다. 본인에 대한 객관적인 평가와 결점을 알게 되고 나서야 비로소 더욱 자신을 향상시킬 수 있다.

반대로 실적으로 평가되지 않는 평등 사회의 인간 관계는 최악이 된다. 성장의 시대에는 '모두가 함께 일해서 함께 부자가 된다'라는 실감이 있었는지 모른다. 그러나 성숙의 시대는 어떤 의미에서는 제로섬의 시대이다. 업무 성과와 자신의 이득이 아무런 관계가 없다면 회사나 기업에 기생하는 것이 되고 만다. 그러한 세계에서 아부형으로 출세하는 것은 제대로 된 일은 하지 않고 권력에 추종하며, 타인에 대한 흠집 내기에 전념하는 회사의 진드기와 같은 패거리라고 할 수 있을 것이다.

예전의 공산주의 국가인 중국은 내세웠던 이상과는 상반되게 아무도 일하지 않고, 무엇도 만들지 않는, 세계에서 가장 가난한, 1년 내내 정치 투쟁만 하고 있던 상호 불신의 사회였다. 그에 반하여 오늘날의 중국은 세계에서 가장 활동적이며 성장력 있는 사회라고 할 수 있다. 정부 관리의 부정이나 인권 탄압도 예전의 공산주의인 중국에 비하면 대수롭지 않은 것이다. (넓은 의미에서의) 평가 제도가 변하면 인간도, 사회도, 문화도 이렇게까지 변한다는 것을 보여주는 사례라고 할 수 있다.

　일본에서도 시청 직원이나 공립학교 교사 등은 업무의 질과 평가, 보수가 그다지 관계없는 세계로 알고 있다. 진정으로 시민이나 학생들을 위해 일하는 사람이나 그것을 원하는 사람에게는 굉장히 일하기 어려운 세계일 것으로 상상할 따름이다.

3

스스로를 돌아보는 12가지 포인트

다음으로 지식형 조직을 움직이기 위해 필요한 12가지 요소를 '경영자의 업무 포인트', '조직을 설계하기 위한 포인트', '지식형 조직을 움직이는 포인트'의 3가지로 나누어 소개한다.

경영자의 업무에 관한 포인트

조직에서 가장 중요한 역할을 담당하는 것은 조직이 나아가야 할 방향을 결정하고 조직을 움직이는 경영자이다. 그러면 앞으로의 지식형 조직에서 경영자가 완수해야 할 역할이 무엇인지 알아보자.

포인트 25 경영자는 경영상의 판단을 하고 책임을 져야 한다

성장의 시대에서 경영자(사장을 포함한 대표이사 및 집행 임원의 이미지)의 업무는 그렇게 어려운 것이 아니었다. 회사를 방치해 두어도 사원은 열심히 일했고 회사는 성장했다. 경제가 성장하는 한

다른 회사와 같은 판단을 내리면 문제될 것이 없었고, 문제는 그냥 방치해 두어도 알아서 상황이 개선되어 어물쩍 넘어갔던 것이다.

그 당시 어떤 의미에서 경영자는 현장에서 활약해온 사람이 공을 세워 이름을 높인 후에 앉는 출세의 자리였다. 하부에서 열심히 일함으로써 지탱하고 있는 조직의 기반 위에서, 소위 가마 위에 타고만 있으면 되는 70대의 노인이라도 맡을 수 있는 자리였던 것이다.

선단식 기업 경영을 하던 시대의 은행 총수는 "선례는 있는가?", "다른 은행은 어떻게 하고 있는가?", "재무성의 의견은 어떤가?"라는 3가지 질문을 적절하게 던지기만 하면 맡을 수 있는 자리라고 비판받아 왔다. 경영자가 되기까지는 고도의 정치적인 능력과 노력이 필요하지만, 일단 경영자가 되고 나면 매우 편안한 자리였다.

그러나 성숙의 시대에서 경영자는 상당히 힘든 역할을 해야만 한다. 다른 회사와 차별화하지 않으면 절대로 이익을 확보할 수 없다. 경영상의 판단을 잘못 내리면 회사가 무너지게 될 지도 모른다. 경영자가 무능하면 회사는 바로 내리막길을 걷게 된다.

반면에 경영자의 대담한 결단이 회사를 구해내는 사례도 늘고 있다. 경영자가 바뀌면 회사가 되살아나기도 한다. 그 만큼 경영자의 책임은 무거워지고 있다.

한 마디로 경영자의 업무는 오직 의사결정을 하고 그 결과에 책임을 지는 것이다. 문제를 검토하는 것은 누구나 할 수 있다. 그러나 최종적인 의사결정을 하고 조직이 나아가야 할 방향에 대해 결정을 내릴 수 있는 사람은 조직 안에 오직 경영자밖에 없다. 의사결정을 하지 못하고 상황을 방치한다면 경영자의 존재 가치는 없다.

또한 의사결정에 책임을 지는 것도 경영자이다. 경영자의 의사결정이 회사와 사원의 운명을 좌우한다. 책임을 져야 하는 게 당연하다. 어떤 이유로든 사업이 실패하면 그에 대한 최종적인 책임은 경영자의 몫인 것이다.

안타깝게 사업에서도, 의사결정에서도 실패하는 경우가 가끔 있다. 실패의 이유에는 여러 가지가 있을 것이며, 그 중에는 경영자 자신이 직접 관여하지 않은 것도 적지 않을 것이다. 그렇다고 해도 책임을 질 수밖에 없는 입장에 있는 것이 경영자인 것이다.

책임을 진다는 것은 설명의 책임을 진다는 것을 의미한다. 목표로 한 수치를 달성하지 못했다면 의사결정의 경위에 관해 명쾌하게 설명해야 한다. 그 설명이 주주(또는 사원이나 거래처)를 납득시키지 못하면 경영자는 자리를 내놓지 않으면 안 된다. 실패의 이유를 애매하게 해둔 채 본인의 사정으로 "책임을 지고 사임하겠습니다", "책임을 지기 위해 더 열심히 일하겠습니다"라는 등의 말도 안 되는 얘기를 해서는 안 된다. 설명의 책임을 진다는 것은 의사결정의 이유를 주주 또는 사원 전체에게 알리고 진퇴를 그들에게 맡기는 것 외에는 없다.

경영자들은 닛산의 카를로스 곤에게 배울 필요가 있다. 곤이 1999년에 책정한 '닛산 리바이벌 플랜(NRP)'은 처음에는 실현 불가능한 꿈처럼 생각되었다. 그러나 곤은 "NRP를 달성하지 못한다면 물러나겠다"라고 공언했다. 다행히 NRP는 예상을 훨씬 웃도는 성공을 거두었지만, 만약 실패했다면 곤은 깨끗하게 사임했을 것이다.

그렇지만 대부분의 경영자는 태도를 바꿀 것이다. 샐러리맨 사장이라고 해도 사장은 회사의 인사권을 (왜 그런가는 모르겠지만) 쥔 독재자이다. 임원 회의나 주주가 본래의 권한으로 사장을 해임하면

'쿠데타' 등으로 불린다. 설명의 책임을 지지 않고 "본인의 진퇴는 본인이 정한다"라는 식으로 말하는 경영자는 크게 착각하고 있는 것이다.

아마도 우리나라의 경영자는 미국의 경영자처럼 고액의 보수를 받고 있지 않을 것이다. 국제적인 상황보다는 국내 상황에만 신경을 쓰는 정부 관리의 표변하는 태도에 비하면 죄가 가볍다고 할 수 있다. 현실적인 문제로서 경영자의 전직 기회가 거의 없는 우리나라에서는 경영자의 자리에서 내려오면 마지막으로 수입도, 사회적 지위도, 지금까지 회사에 의해 지탱되어 온 자존심도 모두 잃게 된다. 자녀를 유명 사립학교에서 공립으로 전학시키거나 신축한 저택을 파는 것도 부끄러울 것이다. 그러나 본래 회사 전체에 책임을 지는 것이 경영자이다. 경영자라는 입장에 서있는 이상, 본인의 형편을 우선해서는 안 된다.

오늘날 경영자가 되는 것은 정말 힘든 일이다. 솔직히 말해서 경영자의 역할을 수행하는 사람은 인격적으로 이상형에 속하는 사람인지 모른다. 일반 사원이라면 위만 보고 업무를 수행하면 되겠지만, 경영자가 되는 순간 주주, 사원, 고객, 거래처, 매스컴 등 사방으로부터 압력을 받는다. 극단적으로 스트레스에 대한 내성, 강한 자신감과 긍정적인 사고력이 없으면 도저히 수행할 수 없는 업무이다.

또한 자기 욕구가 강한 사람은 경영자가 되어서는 안 될 것이다. 눈앞의 신주예약권에 마음을 빼앗기거나, '자신이 키운 사람을 다음 사장으로 임명하고 싶다'라는 등의 사념이 들어가면 어딘가에서 설명의 앞뒤가 뒤틀리고 사원의 사기도 한순간에 떨어지고 만다. 설명의 책임을 다하기 위해서는 무사무욕이 아니면 안 된다.

설명의 책임을 진다고 하는 것은 스스로를 밀어붙이는 일이다. 설명이 불가능한 일은 할 수 없다는 부담이 있기 때문에 업무에 대해 진지해지는 것이다. 또한 자신도 상처를 입을 가능성이 있으면 누구나 사업에 진지하게 몰두하게 된다.

이런 것은 공공 사업이나 연금 사업과 같은 옳지 않은 본보기를 보면 쉽게 알 수 있다. 도로공단의 후지이 하루오 전 총재는 '이것은 건설청에 있을 때의 후지이가 한 것으로 도로공단의 내게는 책임이 없다' 라는 등 비겁한 발언을 했는데, 이것이야말로 책임을 지지 않는 사람들의 전형적인 모습이다. 책임을 질 필요가 없다면 자신들(업계)만 생각하게 되는 것은 당연하다. 책임을 묻는 사람이 없으면 그것을 부끄러워하지 않기 때문에 양심의 가책을 느끼지 않고 달콤한 열매만을 탐한다.

국가 프로젝트의 거의 대부분이 (적어도 재정적으로) 실패하는 것은 사업 책임자 개인(관료)이 설명의 책임도, 금전적인 위험도 부담할 필요가 없기 때문이다. 실패해도 국가는 반드시 덮어준다. 그래서 사업의 성공보다는 본인의 정치적인 입장이 더욱 중요하게 된다. 아무리 윤리에 대해 설교를 해도 소용이 없다. 국가 전체가 공공 사업이라고 할 수 있었던 구 소련 등의 사회주의 체제가 얼마나 무책임하고 비효율적인 사회를 만들었는가를 보면 확실하게 알 수 있을 것이다.

이렇게 말하면 매우 오래된 과거의 공공 사업을 들추어 내며 엉터리 반론을 펼친다. 그러나 당시의 가난했던 일본은 신간센도 묘진 고속도로도 세계은행으로부터 대출을 받아서 건설했다. 리스크에 정면으로 대응했으며 그렇기 때문에 사업에도 진지했다. 적어도 세토 대교나 도쿄만 아쿠아 라인처럼 '허황된 사업 계획이라도 자녀 세대의 세금으로 해결하면 만사 OK' 라는 식의 무책임한 발상으로 만든 것이 아니었다.

마찬가지로 무책임 체질로 자멸한 최악의 조직에 관한 예로 구 일본군을 떠올릴 수 있다. 당시 국내 최고의 엘리트 집단이 이끌었던 구 일본군은 평시에는 으스댔지만, 전투에 패하기 시작하자마자 기능 불능에 빠져버렸다. 좌우간

작전에 크게 실패해도 간부에게 책임을 묻지 않았고, 패전할 때까지 사관학교 졸업 때의 성적 순위에 의해 정해진 서열은 무너지지 않았다. 아무리 국민이나 병사가 속절없이 죽어가도 자신들의 책임 있는 설명은 하지 않았던 것이다.

구 일본군의 지도자도 도로공단의 수뇌부도 근본이 나쁜 악인은 아닐 것이다. 그러나 의사결정을 내린 개인에 대한 설명의 책임을 추구하는 구조가 없는 한 조직은 점점 폭주하게 되고 최악의 단계로까지 퇴화하게 된다.

덧붙여 '세계를 위해서, 사람을 위해서(?)' 라는 생각으로 공직에 앉는 '제다이의 기사' 와 같은 사람이 악의 화신으로 돌변하게 되는 것을 '다스베이더' 라고 하는 모양이다. 영화 '스타워즈' 에서 따온 말인데, 정의감에 불타던 자도 간단하게 조직의 어두운 면에 빠지게 되는 것을 의미한다.

포인트 26   CEO와 COO의 역할은 전혀 다르다

경영자의 의사결정에는 두 종류가 있다. '회사 전체의 목표를 어떻게 설정하고 어떤 사업을 신장시키는가?' 를 정하는 의사결정과 '주어진 목표를 달성하기 위해 주어진 자원을 어떻게 최대한으로 활용하는가?' 를 정하는 의사결정이다.

언뜻 보기에는 매우 유사하지만, 이 두 가지는 전혀 다른 별도의 것이다. 최근에 자주 듣게 되는 CEO(최고 경영 책임자)라든가 COO(최고 집행 책임자)와 같은 용어는 두 개의 전혀 다른 기능을 갖고 있다.

미국 최대의 제조업체인 제너럴 일렉트릭사(GE)를 예로 들어보자. GE는 산하에 수백 개의 자회사를 둔 거대 기업이다. 산하에 있는 자회사는 제트 엔진이나 수력 발전, 가정용 전자제품, 의료기기,

생명보험, 금융 상품 등 매우 다방면에 걸쳐 있다.

각각의 자회사 경영자(COO)는 맡겨진 자회사의 실적에 대해 책임을 지고 있다. COO의 사명이란 모든 어려움을 배제하고 주어진 사업에 주력하여 주어진 목표를 달성하는 것이다. COO는 흔히 '사장'으로 번역하게 되는데, 그 보다는 오히려 사업부장의 이미지에 가깝다.

한편, 본사의 경영자(CEO)는 회사 전체의 비전과 목표를 설정할 책임이 있다. GE의 경우, 각 자회사가 '업계에서 1위나 2위의 기업이 된다'라는 것이 사업부 존속의 조건이다. CEO는 이러한 목표를 달성하지 못하면 사업을 가차없이 버리는 한편, 향후 성장할 가능성이 있는 중점 사업에 대해 우선적으로 자원을 배분한다.

이처럼 COO는 사업을 성공시켜야 할 책임이 있는 것에 반해 CEO는 어렵게 키운 사업에 대한 철수도 시야에 넣어두고 있어야 한다. 예를 들어 말하면 CEO는 정치가, COO는 군인이다. 정치가는 철수나 전쟁 종결까지 생각하고 있지만 군인은 어디까지나 눈앞의 전쟁에만 집중한다.

이와 같이 양자의 이해는 본질적으로 대립한다. CEO 겸 COO 등과 같이 양쪽 역할을 겸임하는 체제에는 무리가 있다. 또한 COO 출신이 CEO가 되는 것은 아니다. 그런데 대부분의 회사는 이와 같은 두 가지의 책임을 혼동하고 있다. 왜냐하면 지금까지 우리나라 기업에는 '철수 담당'이 필요 없었기 때문이다.

성장의 시대에서는 사업의 확대가 올바른 방식이었다. 자동차 회사도, 상사도, 은행도 전체 라인의 제품과 서비스를 구비하는 것이 올바른 전략이었다. 방치해 두어도 자회사는 성장하여 이익을 냈다. 선택과 집중은 교과서 안에서만 존재하는 단어였다. 그러나 성숙의 시대에서 전력 분산은 자살 행위나 마찬가지다. CEO와 COO가 상호 견제하는 체제가 반드시 필요하다.

1990년대에 유행했던 기업의 분산이 전혀 기능하지 못했던 것은 CEO와 COO의 차이를 애매하게 둔 채 이름만 붙였기 때문일 것이다. CEO나 COO에 취임한 당사자들도 잘 모르고 있었음이 틀림없다.

그렇다면 CEO와 COO의 역할이 어떻게 다른지 좀더 구체적으로 설명한다.

포인트 27 CEO의 역할은 비전을 정의하고 전달하는 것이다

CEO의 최대 역할은 조직의 비전을 정의하는 것이다. 비전에 정답이나 오답은 없다. 또한 '이익이 된다'거나 '이익이 되지 않는다'라는 것이 반드시 비전과 관계한다고도 할 수 없다. CEO가 하고 싶은 일, 해야 할 일이라고 확신하는 것이 비전이다. CEO 자신이 그것을 생각하면 의욕이 솟고 아이디어가 자꾸 떠오르며, 아드레날린이 샘솟아 잠이 오지 않게 되는 것이 이상적인 비전일 것이다.

하고 싶은 일을 통해서 이익을 볼 수 있다면 더없이 기쁠 것이다. 하지만 이익은 되겠지만 하고 싶지 않은 일과 이익은 남지 않겠지만 하고 싶은 일, 이 두 가지 밖에 없다고 한다면 역시 추구해야 할 것은 후자이다. 그것을 이익이 되도록 하는 방법을 궁극적으로 생각하면 된다(186페이지의 [도표 24] 참조).

중요한 것은 설정한 비전이 CEO 자신의 비전일 것, 즉 자신이 생

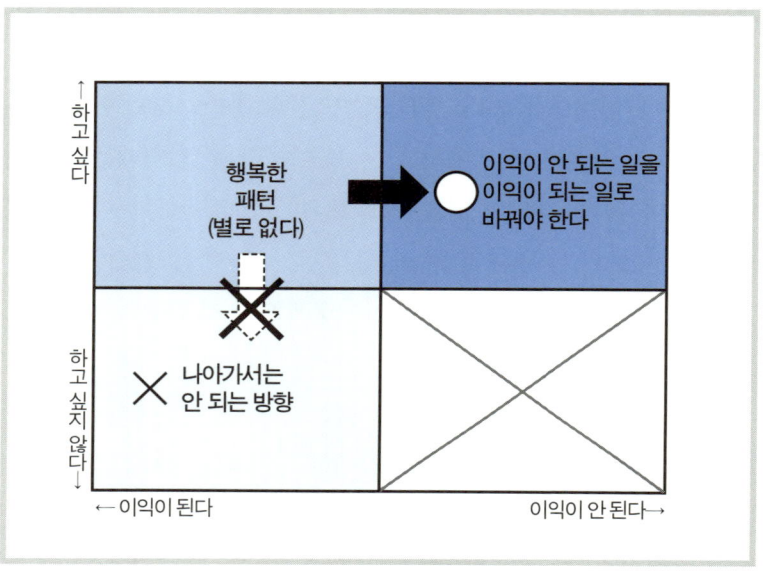

각해서 만들어 내고, 자신의 언어로 얘기할 수 있는 것이어야 한다.
비록 소박하고 말이 없는 인품이라고 해도 어디까지나 자신의 언어
로 말해야 하는 것이 비전이다. 경영자가 자신의 언어로 말하는 것
이므로 사원도 비전에 공명하고 공감할 수 있다. 비전을 말할 수 있
는 것은 조직의 안에서 CEO 한 사람밖에 없다.

비전이 없는 사람, 혹은 다른 사람으로부터 빌려온 비전밖에 얘
기할 수 없는 사람은 CEO가 되어서는 안 된다. 그런데 전형적인 출
세의 코스를 밟고 순조롭게 CEO가 된(되어 버린) 사람은 지시받은
일을 충실하게 수행해 온 우등생 타입이 많다. 이야기해야 할 자신
의 비전이 없기 때문에 사내 실무진으로 하여금 비전을 만들도록

한다. 그러나 이것은 더욱 나쁜 상황을 몰고 온다.

　사내의 관료가 작문하듯이 만든 비전은 기존의 사내 정치를 따라가는 무난한 것일 수밖에 없다. '현재의 사업은 모두 중요한 것이며 모든 것에 힘을 쏟아야 한다' 라는 식이다. 강력하게 추진해 가야 할 방향성을 제시하는 비전, 혹은 강인하게 방향 전환을 해야 하는 비전이 현상 유지와 전력 분산을 정당화하는 미사여구로 끝나게 되는 것이다.

　IBM을 재건하기 위한 임무를 부여받고 1993년 사장에 취임한 루이스 거스너는 첫 기자 회견에서 '위기에 직면하고 있는 IBM에 가장 필요한 것은 행동이며 가장 필요 없는 것은 비전' 이라고 단언했다. 당시의 IBM에는 사내 관료가 매년 작문한 수백 페이지의 장대한 비전이 누구도 보지 않은 채 사장실에 그냥 방치되어 있었던 것이다. 우리나라에서도 나이가 들고 무능한 경영자가 군림하는 회사가 부끄러운 줄도 모르고 거창한 비전을 내세우곤 한다. 이러한 비전은 있다는 것 자체만으로도 공허하다.

　적어도 CEO라면 반드시 조직이 나아가야 할 꿈을 자신의 언어로 말해줄 수 있어야 한다.

포인트 28 COO의 역할은 선택과 집중을 완수하는 것이다

　COO는 맡겨진 사업을 전력을 다해 추진하는 사람이다. 철수한다는 말을 들어서는 안 되며 '하고 싶지 않다' 라는 등의 배부른 소리도 할 수 없다. 수중의 자원으로 최선을 다해 비즈니스를 추진하는 것이 COO의 본분이며, COO의 의사결정이란 한정된 수중의 경영

자원을 가장 효율적으로 이용하는 '선택과 집중' 에 있다.

아울러 가장 부족한 경영 자원이란 사업과 경영자 자신의 시간을 충분히 분배할 수 있는 인재이다. 금전적인 것을 뜻하는 것이 아니다. 아무리 훌륭한 사업 계획도 경영자 또는 적절한 인재가 충분히 참가하지 않는다면 도중에 흐지부지되어 없어지게 된다.

여기에서 COO가 저지르기 쉬운 잘못은 '해야 할 일의 목록' 을 만드는 일이다. "이것을 해라, 저것도 해라, 물론 현재의 사업은 전부 완수해라. 사람은 늘릴 수 없지만 열심히 하라"라고 말하는 것은 아무것도 생각하고 있지 않다는 증거이다. 말하는 당사자는 여러 가지 지시를 내리며 자기 만족에 빠지겠지만 성실하게 응하는 사람은 보답을 받지 못할 것이다.

해야 할 일을 늘어놓는 것은 간단하다. 그러나 실제로 할 수 있는 일에는 한계가 있다. 따라서 선택과 집중이 필요한 것이다.

COO가 무엇을 선택해야 하는가는 목록이 아니라 중요도와 난이도를 축으로 해야 할 일의 매트릭스에 따라 결정하는 것이다(189페이지의 [도표 25] 참조). 중요하고 비교적 난이도가 낮은 안건을 우선시해야 한다는 것은 누구나 알고 있다. 그러나 대부분의 회사들이 다음의 우선순위를 지키지 못하고 있다.

예를 들어 비용 절감이 과제가 되면 여비의 절약이라든가 대낮의 형광등 소등 등 쉬운 부분부터 손을 대기 시작한다. 그러나 그런 것들은 그냥 두면 된다. 수험 공부를 하는 것도 아니므로 간단한 문제를 척척 끝내서 점수를 확보할 필요는 없다. 낮 시간의 소등을 했다고 해서 실적이 좋아진 회사는 본적이 없다. 우선해야 할 것은 자재 조달에 대한 요구 사양의 재검토나 계열 거래처의 검토 등 어렵겠

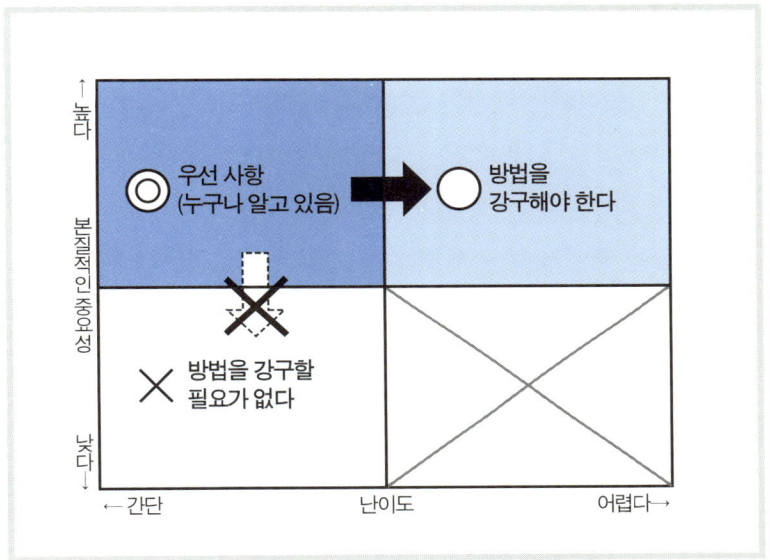

지만 효과적인 부분이다.

　선택 다음의 집중이란 선택한 이외의 업무는 중지하는 것인데, 의외로 잘 안 되는 경우가 많다. 당신의 회사에서도 5년 전에 설치한 업무 개혁실이 아직 남아 있거나, 아무리 시간이 흘러도 제품이 완성되지 않는 연구 개발을 계속해서 한다거나, 특정 임원의 취미 사업을 중지시키지 못할 뿐만 아니라, 오히려 그것을 정당화하는 사업 계획을 매년 작성하거나 하는 등의 경우가 없는가?

　쓸데없는 업무도 그만두었으면 싶다. 어느 은행에서 경영 회의용 서류를 파악해 보니 그 중 70%의 서류가 작성 후 전혀 사용되지 않았다고 한다. 이와 같이 헛된 자료를 작성하기 위해 지점의 직원 수백 명이 매월 철야로 일하고, 나아가 이 작업의 효율화를 위해 수억 엔의 시스템 투자조차 계획되어 있었다. 형광등을 소등하며 다닐 여유가 있다면 이런 낭비야말로 즉시 없애야 할 것이다.

선택과 집중이란 점에서는 관공서를 생각하면 변함 없이 절로 웃음이 난다(웃을 수 없을지도…). 그들이 말하는 대담한 철수란 매년 5%씩 예산을 삭감하는 것이다. 또한 정책적인 중점 배분이란 불필요한 지출을 줄이지 않고 새롭게 조금씩 더하는 것인 듯하다. 관공서가 아니고는 볼 수 없는 우아하고 평화로운 풍경이지만, 당신의 회사가 이것을 흉내낸다면 하루아침에 망하고 말 것이다.

조직을 설계하기 위한 포인트

앞에서 기술한 것처럼 지식형 조직에서는 조직도 자체의 중요성은 희박해지고 있다. 그렇다고 해도 지식형 조직에서도 조직의 형태를 어떻게 정하고 조직의 외부와 내부를 어떻게 나누어야 하는가에 대한 논의는 필요하다. 지식형 조직의 조직 설계를 위한 포인트를 익혀 두자.

포인트 29 업무를 추진하는 스타일에 따라 조직을 나누어라

지식형 조직도 조직인 이상 누가 무엇에 대해 책임을 져야 하는가를 명확하게 하지 않으면 업무가 진행되지 않는다. 이러한 책임의 분담은 영업이나 제조처럼 기능으로 나누거나 취급하는 제품 그

룹으로 나누는 것이 일반적이지만, 또 하나 업무의 진행 방법인 스타일의 단면도 생각했으면 한다. 가장 적절한 사업 수행의 스타일은 비즈니스 모델이나 사업의 목적에 따라 다르고, 다른 스타일의 업무를 함께 적용하면 조직은 효과적으로 돌아가지 않는다.

쓰보타의 경우라면 나카유키 부장이 이끄는 병원 영업의 스타일은 오랜 기간에 걸쳐 확립된 프로세스를 효율적으로 움직이는 것이다. 1인당 계약 건수나 신규 방문 건수를 관리하고, 어느 의미에서는 최강의 영업 사원을 내보내는 것이 이 영업 조직에서 가져야 할 조직 문화일 것이다. 서비스 플랜이나 판촉 자료, 지원 체제도 구비하고 있을 것이다.

한편, 실버타운 영업은 지금부터 시행착오를 거듭하면서 영업 구조를 만들어 가는 단계에 있다. 우선 각종 분석을 통해서 요구 사항을 파악하고 고객과 함께 서비스의 내용을 만들어 가지 않으면 안 된다. 판촉 자료나 지원 체제는 지금부터 만들 필요가 있을 것이다.

동일한 분석기를 판매하는 영업 조직이라고 해도 병원 영업과 실버타운 영업 조직의 사업 수행 스타일은 전혀 다르다. 동일한 조직으로 대응하면 병원 영업팀에서는 "실버타운 영업팀은 일을 하지 않는다"라고 불만일 것이며, 실버타운 영업팀에서는 "서두르기만 해서는 고객을 만족시킬 수 없다"라는 불만이 나올 것이다.

이와 같은 사업 스타일에 관한 분석 툴이 1장에서 소개한 포트폴리오 매트릭스이다(55페이지 [도표 7] 참조). 어느 영역에 속하는가에 따라서 최적의 사업 스타일이 전혀 달라진다.

예를 들어 이익을 낳는 '젖소'와 이익이 감소하는 '싸움에 진 개'에 해당하는 환경에서 수익을 최대화하기 위해서는 모험을 피하고,

비용을 최대한 억제하여 개선하는 방법으로 확실한 수익을 내야 한다. 관리형 사업 스타일에 적합하다.

그에 반하여 '문제아'와 '스타'에 해당하는 환경에서는 성장을 위해 대담하게 리스크를 감수해야 할 필요가 있다. '문제아'에 해당하는 사업의 경우에는 10개 중에서 2~3개가 적중하면 성공한 것이다. 아무리 우수한 사람이 담당한다고 해도 사업의 절반 이상은 실패한다. '스타'에 해당하는 사업도 사업 투자를 계속하지 않으면 바로 실패하고 만다. 또한 이러한 두 가지 환경 모두 변화가 빠른 시장에 즉시 대응하는 기민한 의사결정이 필요하며 창업형 사업 스타일이 요구된다. 여기에 대기업적인 신중하고 더딘 의사결정이나 선례주의적 문화, 실패를 인정하지 않는 문화 등이 포함되면 성장은 멈춰버리고 만다.

아울러 이것은 비즈니스 모델이 다르면 최적의 사업 스타일도 달라진다는 것을 의미하며, '우리 부서는 천천히 여유롭게 일하는 것이 사업 스타일입니다'라는식의 변명을 허락하지 않는다. 그런 부서는 신속하게 효율적인 부문에 통합해야 한다. '합병을 통해서 하나의 은행이 되었지만, 원래 D와 K와 F와 I는 사업 스타일이 다르니 별도의 지점이 필요합니다'라는 식의 바보 같은 이야기도 그만두자. 새로운 조직 문화를 만드는 것이야말로 합병한 조직이 우선해야 할 업무이다.

포인트 30 아웃소싱으로 핵심 기능에 집중하라

지식형 조직에서는 내부와 외부의 조직이 원만하게 연계하면서 기능을 분담해야 한다. 즉 아웃소싱을 통해서 지금까지 자사에서 직접 처리해왔던 기능을 외부 조직에 전면적으로 위탁하는 것이다.

경쟁에서 경영 자원을 집중해야 할 곳은 사업의 핵심 기능이다. 그 외에 분리되는 에너지는 가능한 절약하는 것이 좋다. 예를 들어 경리 기능이나 시스템 운용 기능은 업무에 없어서는 안 되지만 이 부분이 아무리 강하다고 해서 회사의 경쟁력이 높아지는 것은 아니다. 그렇다면 이러한 기능을 회사 내부에서 강화하기 위해 에너지를 쏟기보다는 외부의 조직을 찾아서 고급 시스템을 싸게 조달하는 (=아웃소싱) 것이 더욱 효율적일 것이다.

아웃소싱은 1990년대 중반 이후부터 본격화했다. 예전 같았으면 비용이 조금 더 들더라도 마음대로 운용할 수 있는 사내의 조직을 이용하는 편이 결과적으로 효율적이었을지 모른다. 그러나 커뮤니케이션 툴이 진화함에 따라 지금은 외부의 조직을 운용하더라도 사내의 인접 부서와 정보를 교환하는 데 있어서 전혀 문제가 없다. 그렇다면 외부의 전문 업체가 보유한 규모의 경제를 살릴 수 있는 만큼, 스킬 면이나 비용 면에서 더욱 유리하다(194페이지의 [도표 26]을 참조).

1990년대까지 아웃소싱의 대상은 경리, 인사, 총무와 같은 관리 부문, 그리고 시스템이나 기계의 유지 보수와 같은 간접 부문이 주를 이루고 있었지만 2000년대부터는 전자기기 제조업체의 제조 부문에 대한 아웃소싱을 수주하는 EMS(Electronics Manufacturing Service)로 불리는 기업도 등장하기 시작했다. 그 중에서도 소니를 비롯한 대기업의 생산을 담당하는 솔렉트론은 유명하다.

EMS를 사용하는 기업은 자사의 핵심 기능을 설계나 마케팅으로

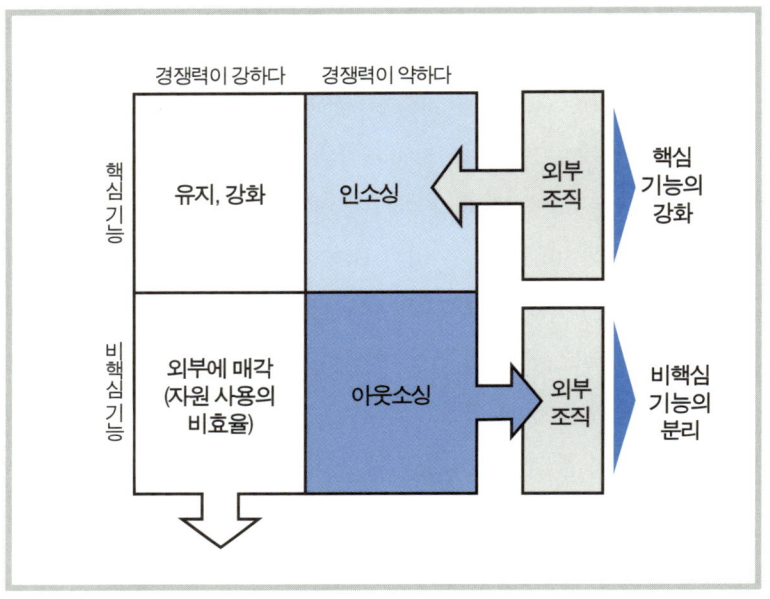

집중하고 비 핵심 기능의 생산은 아웃소싱하는(=외부 위탁 생산) 편
이 효율적이라고 판단한 것이다. 아웃소싱에 의해 기업은 핵심 기
능을 강화하고 그에 집중할 수 있게 되었다.

　아울러 '시스템 자회사를 만들어 아웃소싱을 하고 있다' 라는 이
야기를 자주 듣게 되는데, 자회사를 만드는 것과 아웃소싱은 다르
다. 자회사를 두는 방식은 기술에 비해 비용이 비싼 회사에 사원을
파견하여 이익을 본사로부터 보전하는 것으로 자사임에는 변함이
없다. 시스템 부문을 아웃소싱한다는 것은 부문 전부를(사람을 포
함하여) IBM이나 후지쓰 같은 시스템 회사에 판매하는 것을 의미
한다.

피도 눈물도 없는 얘기처럼 들리겠지만 그렇지 않다. 시스템 자회사로 파견 명령이 나면 본사로 복귀할 가능성은 거의 없다. 게다가 파견 사원도 사내 시스템을 지키려고만 한다면 외부에서 통용되는 기술을 습득할 수 없다. 그렇다면 그들을 사내에서 묵히는 것보다는 새로운 조직에서 전문가로서 기술을 익히도록 하는 편이 회사를 위해서도 옮겨가는 사원을 위해서도 훨씬 이익이 된다.

포인트 31 핵심 기능이 약하면 인소싱으로 보강하라

시스템 부문 중에서 아웃소싱을 해야 할 곳은 개발, 유지, 보수 등 단순한 기능뿐이다. 개발비용의 삭감이나 서비스 향상을 검토하는 시스템 기획 기능은 회사의 경쟁력과 직결된다. 이러한 핵심 기능은 회사 내부에 남겨두고 기술 습득에 더욱 노력해야 한다.

마찬가지로 인사 부문이라면 급여 계산은 아웃소싱을 해도 되지만, 인사 제도의 설계 기능은 사장의 관리 하에서 강화해야 한다. 그 외에도 경영 기획 기능, 영업 기획 기능, 연구 기획 기능 등 의사결정을 지원하는 핵심 기능은 어떤 회사에서도 없어서는 안 될 중요한 기능이므로 회사 안에 남겨 두고 강화하지 않으면 안 된다.

그러나 그렇다고 해서 그들 인력 전체를 자체에서 해결하는 것은 잘못이다. 우수한 사람은 그 나름대로 비용이 높다. 그리고 아무리 우수한 인재를 채용해도 실력을 쌓을 수 있는 기회가 충분하지 않으면 기술은 습득되지 않는다. 경영 기획 부문에 우수한 인재를 배치하는 것은 좋지만 사업 보고의 정리나 중장기 계획의 수치 작성과 같은 단순 작업만을 계속 시키는 회사도 많이 있다.

또한 구조가 확립되어 있던 성장의 시대에는 사내에 축적된 지식을 동원하면 나름대로 올바른 해결책을 찾을 수 있었는지 모른다. 그러나 점차 성숙의 시대로 전환하고 있는 오늘날, 주변의 얽매임에 구애받지 않고 자체의 힘만으로 문제 해결의 지혜를 찾는 것은 어렵다.

그러한 고민은 외부의 능력을 장기적으로 활용함으로써 핵심 기능을 보강하는 인소싱으로 해결하는 것이 좋다. 예전의 시스템 설계나 세무 어드바이스에서부터 경영 전략이나 상품 기획의 책정, 간부 사원의 지도까지 외부의 자원을 활용하는 분야는 계속 증가하고 있다. 수많은 사례를 경험한 컨설팅 회사의 지혜를 빌리면 보다 더 합리적인 해결 방법을 발견할 수도 있고, 사전에 발생 가능한 오류를 피할 수도 있을 것이다(196페이지의 [도표 26]을 참조).

물론 컨설팅 회사가 전지전능한 것은 아니지만, 적어도 회사 내부에서만 고민하는 것보다 나을 것이다. 회사 밖의 지혜도 사내 조직에 유연하게 도입하여 사용했으면 한다.

지식형 조직을 움직이는 포인트

지식형 조직은 통제와 명령만으로는 움직이지 않는다. 지식형 조직을 움직이기 위해 필요한 '공정한 평가'와 '인센티브'에 관한 포인트를 알아보도록 하자.

공정한 평가에는 전체 사원의 참여가 필요하다

　지식형 조직이 원활하게 움직이도록 하기 위해서는 구성원 개인이 조직에 어느 정도 공헌했는가를 당사자는 물론 다른 구성원들도 납득할 수 있도록 공정하게 평가할 필요가 있다. 또한 그 구성원이 지식형 조직에 기여하는 능력은 개성 그 자체라고도 할 수 있다.

　말할 필요도 없이 개성은 영업 실적이나 생산량과 같이 정량적으로 평가할 수 없는 것이기 때문에 공정하게 평가하기가 어렵다. 그렇지만 아무리 어려워도 최소한 사원이 납득할 수 있는 평가 구조를 만들었으면 한다.

　여기서 필자가 경험한 컨설팅 회사를 예로 들어 지식형 조직에 대한 인사 평가의 사례를 소개하고자 한다.

　컨설팅 회사는 여러 명이 팀을 이루어 수개월에 걸친 프로젝트 단위로 업무를 진행한다. 이 팀은 프로젝트의 성질에 따라 몇 계층의 직위 단계(위에서부터 순서대로 파트너, Principal 매니저, Associate 등)의 팀원으로 구성된다. 게다가 팀원들 간에는 상사와 부하의 관계는 없고 프로젝트의 성질과 팀원의 기능, 상호 간의 적합성에 따라 (그리고 업무의 양에 따라) 담당자가 정해진다.

　프로젝트를 개시하는 데 있어 개개의 팀원이 '이 프로젝트에서 무엇에 기여하는지, 자신은 어느 부분을 담당하는가'를 표명한다. 그리고 프로젝트가 종료되면 개인에 대해 부하를 포함한 다른 팀원 모두로부터 평가가 모아진다. 평가 항목은 문제 해결 등의 개별 기능부터 팀워크에 대한 기여에 이르기까지 전부 20여 정도의 항목 중에서 프로젝트의 성질에 따라 몇 개가 선택된다. 각각의 항목에 평가의 구체적인 판단 기준이 제시되고, 자신의 행동이나 성과가 그 중 어디에 해당하는가에 따라 절대 평가가 나오게 된다.

평가는 일방통행이 아니다. 예를 들어 "당신은 이곳을 개선해야 한다."라고 지적을 받으면 "아닙니다. 그것은 오해입니다."라는 등으로 반론하고 서로 납득한 후에 점수가 정해진다. 또한 평가 결과는 통계 처리로 평가자의 가장 높은 점수와 가장 낮은 점수 등 극단적인 부분을 제외하고 집계된다.

개개의 프로젝트에 대한 평가에 더하여 6개월마다 정기적인 평가가 이루어진다. 그 때의 평가자는 팀원 개인의 성장을 후원하는 '멘토(조언자)'라는 역할을 하는 인물이다. 멘토는 직속 상사가 아닌 3자로서 프로젝트에 관계된 모든 사람들로부터 이야기를 듣고 당사자의 중장기적인 성장 목표의 달성도나 조직 전체에 대한 기여를 평가한다. 그리고 당사자와 상담하여 다음 회기의 새로운 목표를 설정한다.

전원의 평가가 모아지면 경영진이 하루 종일 모여서 전체 프로젝트의 평가와 정기 평가를 가지고 전 사원을 평가한다. 그 평가 결과는 실제의 승진이나 급여에 직접적으로 연결된다. 연령이나 성별에 관계없이 유능한 사람에게는 승진의 기회를 부여하고, 능력이 부족한 사람이나 성격, 가치관이 다른 사람에게는 퇴직을 권고한다(Up or Out이라는 컨설팅 업계의 규칙이 있기 때문). 이러한 평가 결과는 (저자가 느끼는 한) 충분히 납득할 수 있는 것으로서 깨끗한 느낌마저 들었다.

다만, 이러한 구조를 실행하기는 매우 어렵다. 평가는 진지한 승부이므로 평가하는 사람이나 평가를 받는 사람도 스트레스를 받을 수밖에 없는 하기 싫은 업무일 것이다. 관리직 업무 시간의 10% 정도는 평가에 관련된 업무에 빼앗긴다. 그러나 공정한 평가야말로 조직을 강하게 한다는 것을 알고 있다. 그렇기 때문에 그 정도의 노력을 할애하는 것이다.

전원을 만족시키는 평가 구조란 있을 수 없고 위에서 설명한 구조가 모든 회사에 통용되는 것도 아닐 것이다. 그러나 저자가 근무했던 조직에서는 합리적으로 기능하고 있었다고 생각한다. 공정한 평가 구조가 어떠해야 하는가를 대체적으로 그려볼 수 있을 것이다.

아울러 개성은 얼굴을 알 수 있는 100명 정도의 소규모 조직에서밖에 평가할 수 없다. 알지 못하는 사람의 개성을 평가할 수는 없기 때문이다. 대기업이라면 전사적인 공통의 평가 프로세스도 필요하겠지만, 평가 항목의 설계나 책임은 각 부문에 맡겨야 할 것이다. 개성을 일률적인 기준으로 평가하려고 하는 발상 자체가 잘못된 것이다.

Column　　**연공서열 세계에서의 평가**

　　연공서열 세계에서의 출세는 거의 옆으로 늘어선 순서에 의한다. 회사에 따라서는 대졸이 35세에 일제히 관리직으로 승진하거나 한다. 그런 중에서도 사원이 동료와 필사적으로 경쟁하는 이유는 뒤에서 확실하게 실시되고 있는 평가가 그 후의 출세로 이어지는 것을 잘 알고 있기 때문이다. 실제로는 입사 시점부터 간부 후보가 정해져 있지만 그것을 알고 있는 것은 인사부의 간부뿐이다. 실정을 알지 못하는 당사자들은 '나도 승진할 수 있다'라고 생각하며 열심히 노력하는 것이다.

　　능력의 평등이 표면상의 원칙인 연공서열의 세계에서는 현실적으로 존재하는 개인의 능력 차는 공공연한 비밀이 된다. 술자리에서는 말할 수 있겠지만 회사 안에서는 결코 말할 수 없다.

저자가 컨설팅 회사로 자리를 옮기고 나서 가장 먼저 문화적인 쇼크를 받은 것이 바로 이 점이다. 주위 사람들이 자연스럽게 "그 사람은 이 분야에서는 굉장하지만 이 분야는 좀 더 성장할 여지가 있다."라고 말하는 것에 대해 처음에는 상당히 놀랐었다. 그 때까지 지내왔던 표면적인 능력 평등 사회에서 그런 얘기는 최대의 금기 사항이었다.

지금까지 수많은 회사가 성과주의 등 새로운 평가 제도의 도입을 시도하고 있다. 그러나 개인의 평가가 자유로운 화제가 될 수 있는 풍토가 없으면 진정한 평가는 나오지 않는다. 또한 부하직원을 평가하는 상사는 적어도 부하직원을 양성할 수 있는 지도자로서의 트레이닝을 받았으면 한다.

그러나 그렇다고 해서 숫자로 평가할 수 있는 자격증의 수나 TOEIC의 점수로 평가하려는 것은 너무 지나친 것이다. 지식형 조직에 공헌하는 기획력이나 발상력과 같은 고도의 능력은 간단하게 수치로 환원할 수 없다. 극단적인 예로 발군의 협상력을 갖춘 인재가 "영어 실력도 부족하고 PC도 다루지 못하므로 당신의 평가는 최저입니다."라는 얘기를 들었다는 웃지 못할 에피소드도 있다.

또한 평가와 보수가 적절하게 조화를 이루지 못하면 평가 제도는 형식적인 모양만 남게 될 것이다. 어느 기업의 인사부장은 "우리 회사도 성과주의를 도입했습니다. 성과를 올린 사원에게는 보너스를 지급합니다."라며 자랑스러워했다. 그러나 그가 자랑스럽게 얘기한 그 대단한 격차는 1년에 최대 10만 엔, 물론 연령과 연수입이 99%의 상관 관계를 자랑하고 있던 그 회사로서는 획기적인 일이다. 그러나 자신에게 매겨진 점수가 공개된 사원은 일하고자 하는 의욕이 사라지고 말았을 것이다.

대부분의 사람은 자신을 좋게 평가할 것이다. 그런데 갑자기 엄격하고 객관적으로 평가를 받게 되면 아무리 공정한 평가라고 해도 회사에 배신당했다는 느낌을 갖게 된다. 또한 패자 부활이 없는 구조 안에서 최하위 평가를 받으면 그 때부터는 '어떻게 하면 회사에 남을 수 있을 것인가'만을 생각하게 될 것이다. 그렇게 되면 어디서 어떻게 평가되는지 모르는 연공서열 쪽이 더 필사적으로 일하도록 하지 않을까?

포인트 33 성과와 스킬과 능력의 관점에서 평가하라

지식형 조직에서 평가의 기준에는 '① 과거 실적으로서의 성과, ② 현재 보유한 능력으로서의 스킬, ③ 장래의 잠재 능력으로서의 능력' 의 세 가지가 있다.

① 의 성과는 기본적으로 수치로 환원할 수 있는 항목이다. 판매 건수나 신규 고객 발굴 건수, 특허 건수 등이 해당된다. 영업 실적이 개인의 역량과 직결되는 영업사원이나 개인 책임으로 자산을 운용하는 금융 딜러 등에게 가장 직접적으로 사용할 수 있는 기준이라고 할 수 있다.

다만, 회사 내부에서는 개인의 공헌도를 직접 성과로서 측정할 수 있는 상황이 많지 않다. 본디 개인이 할 수 없는 업무이기 때문에 조직을 만드는 것이다. 비교적 성과를 측정하기 쉬운 영업 부문에서도 팀이 담당한 영업 안건이나 장기 안건 등의 배분을 잘못하면 불공평의 온상이 될 수 있고, 잘못하면 영업사원들은 본래의 업무가 아닌 '어떻게 하면 평가 점수를 쉽게 올려서 편안해지는가' 에만 집중할 수도 있다. 조직의 성과를 어떤 것이든 개인 단위로 환원하는 단순한 성과주의는 본래부터 사고 방식이 잘못된 것이라고 생각한다.

②의 스킬은 즉시 사용할 수 있는 전력이다. 영어 능력이나 경리 업무 능력과 같은 비교적 단순한 스킬에서부터 영업 제안 능력이나 문제 해결 능력, 프레젠테이션 능력 등 고도의 스킬까지 폭이 넓다. 고도의 스킬을 객관적으로 평가하기 위해서는 구체적인 사례를 평가 기준으로 제시하고 복수의 인원이 평가하여 합의 형성하는 것이

가장 좋다고 생각한다.

③의 능력이란 성장 여력을 말한다. 끈기, 적극성, 이론적 사고력, 공감 능력 등 높은 성과를 안정적으로 발휘하고 필요한 스킬을 쌓아 가는 데서 빼놓을 수 없는 행동 특성을 말한다.

능력이 많은 사람은 조직에서 신뢰 관계를 만드는 핵심이 되는 인재다. 비전을 향하여 긍정적으로 좌절하지 않고 나아가는 사람이라고 해도 좋다. 대담한 가설을 세우는 한편, 실무에는 세부적으로 관여하고, 또한 자신에게는 엄격하고 팀원들의 동반 성장을 위해 신경을 쓰는 사람은 조직의 보물이다. 적극적으로 가산 평가해 주고 싶다.

어떤 의미에서 뛰어난 능력을 구비한 사람이라면 언제든지 스킬을 높일 수 있다. 조직에 기여하는 능력을 평가하는 데 있어서 가장 중요한 것이 이러한 능력이라고도 할 수 있다. 능력도 구체적인 예에 적용시켜서 평가하는 것이 가장 확실할 것이다.

평가해야 할 성과나 스킬은 조직에 따라 다르다. 예를 들어 쓰보타의 경우, 나카유키 부장이 인솔하는 영업부라면 평가 항목은 다음과 같을 것이다.

① 성과 : 영업 활동의 결과 실적으로서의 매출액, 행동 실적으로서의 신규 고객 방문 횟수
② 능력 : 예상 고객에 대한 설명 기술, 기존 고객과의 관계 유지 기술, 협상력 등
③ 적성 : 거절을 당해도 포기하지 않는 끈기, 밝고 긍정적인 가치관

이것이 고쓰보 주임이 속한 실버타운 영업팀이라면 다음과 같을 것이다.

① 성과 : 평가하지 않음(이 점은 중요. 팀의 성과를 무리하게 개인에게 환원해서는 안 된다)
② 능력 : 제안서 작성 능력, 상대의 요구에 관한 이해 능력
③ 적성 : 고객의 요구를 이끌어 내는 호기심, 새로운 제안을 창출하는 사고의 유연성

연구개발 부문이나 설계제조 부문이라면 또 다른 기준이 필요할 것이다. 또한 평가 항목은 포지션에 따라 달라진다. 예를 들어 컨설팅 회사의 경우, 신입사원은 논리적 사고력과 분석력 등을 중심으로 평가된다. 중견 사원에게는 프레젠테이션 능력, 커뮤니케이션 능력, 프로젝트 운영 능력 등이 평가 항목에 더해지고, 나아가 승진하면 매출 달성률 등의 성과도 엄격하게 요구될 것이다.

포인트 34 스킬은 가산하여 평가하라

지식형 조직에 공헌할 수 있는 사람은 특기 분야의 스킬이 매우 강한 사람이다. 약한 스킬이 있어도 상관없다. 부족한 스킬은 다른 구성원이 보완하면 된다.

예를 들어 신상품 개발에는 '우수한 기술자, 우수한 영업 사원, 우수한 매니저'의 세 사람이 필요하다. 기술자와 영업 사원의 관리 능력이 둘 다 부족하다면 그것은 매니저가 보완하면 된다. 그런데

기획력도 관리 능력도 평범한 세 사람이 있다면 아무것도 이루어지지 않는다. 물론 세 분야 모두 뛰어난 능력을 지닌 사람으로 구성되는 것이 이상적이겠지만 그러한 슈퍼맨을 기대하는 것은 무리이다.

통제형 조직에서는 다방면에서 평균적인 능력을 보유한 제너럴리스트가 요구되었다. 그렇기 때문에 평가에는 점수를 빼는 감점제가 효과적이었다. 그런데 지식형 조직에 감점주의가 도입되면 최악이다. 유능한 기술자라도 관리 능력이 부족해서 마이너스 점수가 매겨지므로 아무리 시간이 지나도 점수는 내려가기만 한다.

감점제 안에서의 올바른 행동이라고 할 수 있는 것은 특기 스킬에 의해 평가를 받기보다는 마이너스 평가를 피하는 것이다. 위험을 피해서 '늦지도, 쉬지도, 일하지도 않는' 것에 철저한 사람이 출세한다.

공정한 평가 시스템을 만드는 것은 대단히 어렵다. 그렇다고 해서 이미 예전의 단순한 연공서열로는 돌아갈 수 없다. 어차피 완벽한 평가 구조는 있을 수 없다. 성공 사례를 참고로 시행착오와 개선을 반복하면서 당신 회사에 맞는 독자적인 구조를 만들어 갈 수밖에 없다.

Column　　**성과주의는 위에서부터 먼저 적용하라**

성과주의를 실적 향상으로 연결시키고 싶다면 기대 효과가 가장 큰 곳부터 도입하는 것이 도리일 것이다. 즉 가장 먼저 성과주의의 대상이 되는 것은 개인의 능력이 회사 실적에 직접 반영되는 경영진이나 상위 관리직이다.

그런데 경영진에 성과주의를 적용한 회사는 거의 없다. 그들에게 성과주의를 적용하지 않는 것은 기술적인 어려움 이상으로 정치적인 이유 때문이라고 생각한다. 공정한 평가로 임원이 정해지면 사장은 자신의 형편에 맞는 임원 인사를 할 수 없고 잘못하면 자신이 먼저 해임되게 된다. 실제로 임원이 능력에 관계없이 인간 관계(= 사내 정치나 기호 등)에 의해 등용되고 있는 회사는 많을 것이다. 또한 50대의 상위 관리직이 물러나면 마땅하게 전직할 곳이 거의 없다. 그런 이유에서 경영진에 대한 성과주의 적용은 하지 않는 쪽으로 암묵적인 협의가 되어 있는 것이다.

그렇다고 해서 상위직에는 관대하고 하위직에는 엄격한 편의주의적 성과주의를 도입한다면, 20~30대 사원의 사기는 저하되어 일을 그만두고 싶어질 것이다. 오히려 20대 사원의 경우, 극히 일부의 고성과자를 제외하고는 연공서열과 같은 시스템 속에서 어느 정도 시간을 들여서 스킬을 향상하고 자신의 적성과 동기를 발견하게 하는 것이 더 바람직하다.

성과주의에 실패한 회사의 경영자가 "사원의 근무 태도가 문제다."라고 무책임한 발언을 했는데, 전혀 그렇지 않다. 일하지 않는 구조를 만드는 경영진이 나쁜 것이다. 성과주의의 최우선 적용 대상은 경영자 그 자신일 것이다.

포인트 35 지식형 조직에서 최대의 인센티브는 '재미있는 일' 이다

성장의 시대에서 인센티브는 '지위와 보수' 였다. 출세해서 급여가 올라감으로써 풍족한 생활을 하게 되는 것은 모든 사원에게 있어 무엇보다도 기쁜 일이었다. 회사의 입장에서도 사원들에게 인센티브와 승진 제도를 준비해서 보답할 수 있었다.

그러나 시장과 회사의 성장이 더딘 성숙의 시대에서는 예전처럼 시원스럽게 지위나 보수를 분배할 수는 없다. 또한 사원의 의식도 달라졌다. 원하는 물건도 대부분 소유하고 있고, 무슨 일을 하더라

도 생활을 영위하는 데 있어서 지장이 없는 시대이므로 보수의 효력은 약화되었다. 이미 성장의 시대에서 표준적인 가치관이었던 좋은 회사에 들어가 높은 지위에 오르는 것을 추구하는 사람은 거의 없다.

그러나 인센티브가 꼭 지위와 급여만을 의미하지는 않는다. 지식형 조직에서 사원에게 제공하는 최대의 인센티브는 '재미있는 일'이다.

인간이면 누구나 즐거운 마음으로 의욕을 느끼는 일을 하고 싶어하고, 누군가로부터 격려를 받거나 감사받고 싶어하는 자기 실현의 욕구를 가지고 있다. 그것을 만족시키는 것이 최대의 보수이다.

'일의 재미'는 다음과 같은 요소로 분류할 수 있다.

① 도전 : 능력 이하의 쉬운 업무는 시시하다. 자신이 가진 능력 이상의 업무가 맡겨진다면 열심히 할 것으로 생각한다. 또한 도전함으로써 비로소 능력도 키워진다.

② 재량의 폭 : 자신이 판단하고 결정할 수 있으면 '이것이 자신의 일이다'라고 생각해서 더욱 열심히 한다. 반대로 모든 것을 세세하게 지시하면서 업무를 부여하면 의욕이 감소하는 경향이 있다.

③ 업무의 질 : 좋은 업무와 만족감은 누구나 알고 있을 것이다. 반대로 서둘러 무리하게 맡겨진 업무나 어리석은 상사의 지시에 휘둘리는 업무가 계속되면 일하는 것이 고통스럽게 된다.

④ 회사에 대한 기여 : '당신이 만든 제안서가 쓰보타의 경영 방침을 정한다'라는 말을 들으면 철야를 하면서도 열심히 일하

겠지만, '아무도 읽지 않겠지만 ISO9000에서 작성하도록 정해진 서류이기 때문에…' 라는 말을 들으면 그대로 집에 가고 싶어진다.

⑤ 사회에 대한 기여 : '내 일은 데이터를 옮겨 적는 일이다' 라고 생각하면 재미없는 일도 '나는 세계 최첨단의 의료 센서를 만들고 있다' 라고 생각하면 의욕이 생긴다. 게다가 '이 센서가 완성되면 인공 투석 환자의 고통이 해소된다' 라고 한다면 책임감 있는 마음으로 일할 수 있다. 반대로 자사의 부정 은폐를 위한 업무를 담당하게 되었다면, 아무리 회사를 위한다고 해도 의욕이 생기지 않을 것이다.

⑥ 업무의 전망 : '이 기획이 통과되면 내년부터 신제품이 발표된다' 라고 생각하면 회사에 출근하는 것도 즐겁지만, '이 기획은 언제까지 방치될지 모른다' 라거나 '애써 작업한 기획도 임원회의 내부의 정치적 관계로 폐기될 것 같다' 라고 생각하면 우울해진다.

⑦ 팀에 대한 신뢰 : 고쓰보 주임이 긍정적으로 업무에 임할 수 있는 것은 다이쓰보 실장을 존경하고 신뢰하고 있기 때문이라는 정신적인 이유가 클 것이다. 상사가 무능하거나 실적을 독점하거나 부하에게 책임을 미루는 사람이라면 열심히 일하고 싶은 마음이 들지 않을 것이다.

⑧ 자신의 성장 : '이 업무를 완수하면 신규 사업 진출 프로세스의 진행을 전체적으로 경험하는 것이 된다' 라고 생각하면 잠시도 손을 뗄 수 없다. 그러나 '이런 일을 해도 나에게는 도움이 안 된다' 라고 생각하면 일을 엉성하게 하기 쉽다.

재미있는 업무를 완수하면 할수록 다음에는 더욱 재미있는 업무가 돌아온다. 대규모 프로젝트를 수행할 수 있게 되면 보수나 지위는 자연히 따라오게 된다. 강한 지식형 조직이란 이처럼 재미있는 일을 사원에게 제공할 수 있는 회사이다. 물론 개개의 사원에 따라 무엇을 가장 재미있어 하는가는 다르다. 그렇기 때문에 관리자의 역할도 부하의 성격과 적성을 파악하면서 그들이 재미있어 할 업무를 분배하는 팀 리더의 역할로 변해 간다.

군이 이야기하자면 여기서 기술한 내용을 '재미있는 일만 주면 지위도 보수도 주지 않아도 좋다' 라는 의미로 오해하지 않았으면 한다. 아무리 시간이 지나도 하위직에 두면서 자녀의 학비조차 감당할 수 없는 정도의 급여밖에 주지 않는다면 동기 부여가 될 수 없다.

Column 이공계 기피 현상은 왜 일어나는가?

"이공계 학과는 인기가 없다. 대학생의 수학 점수 하향은 두고 보기에도 민망한 수준이다. 이래서는 우리나라 자체의 국력이 쇠약해져 버릴 것이다. 무언가 대책을 세우지 않으면 안 된다. 초, 중등학교의 이과 교육을 재검토하고 수험 구조를 개혁해야 한다."

최근에 자주 듣게 되는 이와 같은 의견을 당신은 어떻게 생각하는가? 필자는 바보스럽다는 생각이 드는데….

이공계 기피의 원인은 단지 엔지니어의 능력이 정당하게 평가되지 않는 까닭이다. 인문계 출신에 비해 평생 임금이 평균 20% 정도 낮은 이공계에 진학하고자 하는 학생은 상당히 특이한 기질의 소유자일 것이다. 이공계 기피 현상이 나타나는 중에서도 의학부의 인기가 계속 높은 것이 그 증거이며, 다른 이공계와 달리 의학부를 나오면 의사가 되어 높은 평가를 받는다.

그렇다고 해서 엔지니어 사원의 급여를 일률적으로 높여도 소용이 없다. 엔지니어의 창조적인 능력은 사람에 따라 100배 정도의 차이가 있기 때문이다. 능력의 차이를 무시하고 승진시킨다면 회사에도 부담이 되고 엔지니어의 도덕성도 잃어버리게 된다. 능력 있는 엔지니어에게 있어 무능력한 자와 동일하게 평가된다는 것은 최대의 굴욕이다.

엔지니어의 능력은 그 이상의 능력을 지닌 엔지니어밖에 평가할 수 없다. 그런데 평가를 인사 부서에서 담당하면 조직에 대한 충성도나 관리 능력처럼 창조적인 능력과는 반대되는 요소만 평가하게 되어 무능한 엔지니어를 출세시키고 만다. 우리나라에는 다나카 고이치(2002년 노벨 화학상 수상자)와 같은 인재가 제대로 평가받지 못한 채 많이 묻혀 있을 것이다.

치밀한 노력이나 조직적인 노하우의 축적, 장인 예술이 열매를 맺는 제조 기술의 세계에서 우리는 틀림없이 세계 정상급이다. 그러나 개인의 능력 차가 제품 개발력에 직접 반영되는 소프트웨어 개발이나 바이오 분야에서 우리 (특히 대기업) 기업은 비참한 상황이다.

필자 자신도 엔지니어 분야는 시시하다고 경시하고 있었는데, 실리콘 밸리의 기업과 그들의 업무를 보고 느낀 바가 많았다. 그 곳은 벤처 자본과 같은 기술과 비즈니스를 평가하는 감정사가 있어 우수한 기술과 엔지니어에게 자본을 투자하는 세계였다. 그 결과, 전 세계로부터 우수한 엔지니어가 모여든다. 물론 미국의 풍자 만화 '딜버트의 법칙' 과 같은 부조리한 세계도 있지만 우리의 대기업만큼이나 불합리하지는 않을 것이다.

만약, 매우 우수한 기술을 지니고 있다고 자각하고 있다면 국내의 대기업에서 썩고 있을 필요가 없다. 아예 실리콘밸리와 같은 회사를 목표로 하는 것이 좋다.

개인을 성장시키는 열쇠는 '책임'에 있다. 업무에 대해 책임을 느낄 때 비로소 진지하게 업무에 몰두할 수 있게 된다. 업무에 책임을 느끼지 않는 한, 다른 사람의 책임으로 돌리며 변명을 계속하게 된다.

책임을 진다는 것은 업무에 걸맞게 성장하는 용기를 갖는 것이다. 성장에 뜻을 두고 있다면 본인 스스로가 책임 있는 업무를 적극적으로 받아들일 수밖에 없다. 갑자기 출세시켜 달라고 한다면 아무도 들어 주지 않겠지만 책임 있는 업무를 스스로 맡을 수는 있다.

책임을 다하고 결과를 만들어 내는 입장은 명령받은 일만을 수동적으로 하면 되는 입장과는 전혀 다르다. 변명이 통하지 않을 뿐만 아니라 전력을 다해 업무에 몰두하지 않으면 안 되고, 매우 힘든 상황도 많이 겪게 될 것이다. 그러나 스스로 지원한 이상, 자신의 능력을 넘어서는 업무라고 해도 어떻게 해서든 완수하지 않으면 안된다. 그러한 각오로 책임감을 가지고 업무에 몰두하는 사이에 능력도 그 책임에 걸맞게 향상된다. 업무를 통해 한 단계 성장하는 것이다.

책임을 받아들여 성장하는 사람을 만들기 위해 조직이 해야 할 일, 할 수 있는 일은 변명이 통하지 않는 환경을 만드는 것이다. 업무에서 성과를 내지 못한 이유는 얼마든지 늘어놓을 수 있다. 예를 들어 ① 자신의 생각을 말해 봐야 상황은 전혀 변하지 않는다, ② 가치를 만들어내지 못하는 내부의 사무 업무만 수행하고 있어서 성과를 올릴 수 있는 기회가 없다, ③ 성과를 올리거나 올리지 않거나 급여가 똑같기 때문에 의욕이 생기지 않는다' 라는 식의 변명이다.

그렇다면 ① 자신의 생각으로 조직을 움직이고, ② 원하는 대로 업무가 맡겨지고, ③ 이루어낸 성과에 따라 보수가 정해지는 조직으로 바꾸면 된다. 그런 조직을 만든 후에도 업무의 성과가 나타나지 않는다면 그 원인은 오로지 본인의 책임이다.

회사가 무언가를 해주기만을 바라는 사원이 아닌 자신의 책임으로 움직이는 사원을 만드는 조직이 되는 것, 그리고 책임을 자각하여 긍정적으로 업무에 몰두하는 사원을 적극적으로 성장시키는 조직이 되는 것이 향후의 지식형 조직으로 전환해 가는 기업의 사명이 될 것이다.

Column **스스로의 동기 부여에 적합한 일을 하자**

회사가 원하는 스킬이나 능력이 당신 자신의 동기와 합치한다면 회사에서 일하는 것이 매우 즐거울 것이다. 그러나 그렇지 않은 경우에는 회사에 기여하기가 매우 힘들다.

예를 들어 쓰보타의 나카유키 부장이 인솔하는 영업부 안에서 높은 실적을 올리기 위해서는 경쟁심이나 사교성이 필수 불가결하다. 한편, 같은 쓰보타라고 해도 센서 개발 부문에서 높은 실적을 올리는 것은 의문이 풀릴 때까지 철저하게 물고늘어지는 사람이나 치밀하게 일하는 사람일 것이다. 치밀한 업무 수행에 적합한 사람이 나카유키 부장 아래서 일하게 된다면 매우 힘들 것이다. 반대로 사람들과 어울리는 것을 좋아하는 사람이 센서 기술 개발 업무에 즐거움을 느끼기는 힘들다.

일에 대한 개인의 동기는 '어쨌든 돈을 벌고 싶다, 다른 이들을 움직이고 싶다, 사람들에게 감사받고 싶다, 세상에 공헌하고 싶다, 원하는 일을 하고 싶다' 등 다양하지만, 모두가 개개인의 성격과 밀접하게 관련되어 있다. 그러한 개인의 동기는 나이가 들어도 좀처럼 변하지 않는다.

사람들은 흔히 승자 그룹 또는 패자 그룹으로 엄격하게 구별하곤 한다. 물론 출세를 목표로 벤처기업을 창업하는 사람들 중에는 이상할 정도로 강한 경쟁심을 갖고 있는 사람이 있다. 경쟁만이 동기(= 사는 보람)이기 때문에 24시간 일해도 피곤해 하지 않는다. 그러나 보통 사람이 같은 일을 하면 순식간에 지치게 된다. 보통 사람은 목표에 대한 의지가 강하지 않기 때문이다. 마지막 전철에 승차하는 피곤에 지친 비즈니스맨을 보면 자신의 동기에 맞지 않는 일을 자신에게 무리하게 부과하고 있는 듯한 생각이 들지 않을 수 없다.

커리어에 있어서 승자와 패자는 없다. 요즘은 연수입 300만 엔으로도 살아가는 데 불편함이 없을 뿐만 아니라, 연수입 1,000만 엔을 받는 사람보다도 마음 편히 살아갈 수 있지 않은가? 그렇다면 모두가 고수입에 얽매여서 일을 무리하게 추구하기보다는 자신의 동기에 맞는 일을 찾는 편이 훨씬 행복하게 살 수 있을 것이다. 자신의 동기에 맞는 개성적인 일을 하는 것이야말로 당신 자신이 일을 통해 최대한 사회에 기여할 수 있는 방법이다.

그리고 자기 자신의 개성적인 성장을 원하는 다양한 인재를 모아 그들이 기쁘게 일할 수 있도록 하는 조직이야말로 성숙의 시대에 가장 강한 조직이 될 것으로 생각한다.

이 책에서는 비즈니스의 기본을 익히기 위한 4개의 경락과 36개의 경혈(포인트)을 소개했다. 기본이 되는 경혈(포인트)을 눌러 보고 아픈 경혈, 느낌이 오는 곳이 있으면 더욱 깊게 파 들어가 직접 실행에 옮겨주었으면 한다.

독자들의 이해와 실행에 도움이 될 수 있도록 관련 도서, 그 중에서도 교과서 같이 딱딱한 것이 아니라 가볍게 읽을 수 있는 것을 소개하고자 한다. 이를 통해서 스스로 문제 해결에 효과가 있는 경혈(포인트)을 찾는 동시에 경혈(포인트)을 누르는 방법, 즉 '전략 사고'를 배우는 것도 잊지 않았으면 한다.

새의 눈으로 시장을 관찰하라 : 경쟁 전략에 관한 책

● 마쓰타니 아키히코 『인구감소 경제의 새로운 공식』
일본이 성장의 시대에서 성숙의 시대로 옮겨가고 있음을 구체적인 데이터로 제시하고, 이행에 동반한 과제와 수립해야 할 정책을 제안한다.

● 클레이튼 크리스텐슨 『이노베이션의 딜레마』
값싸 보이는 파괴적 기술이 어떻게 해서 기존의 기술을 대체해 가는가에 대하여 해설한다. 하이테크 기업 기획 분야의 기본서.

● 시마다 다카시 『최강의 경영학』
규모의 경제 등에 관해 심도 있게 설명한다. 가볍게 읽을 수 있는 책이지만 내용은 깊이가 있다.

- P. F. 드러커 『넥스트 소사이어티』
  시장과 경쟁 환경이 어떻게 변해 가는가를 이해하기에 좋은 책이다.

벌레의 눈으로 고객을 관찰하라 : 마케팅에 관한 책

- 구라타 마나부 『MBA 코스에서는 가르치지 않는 '창간남(創刊男)'의 일에 관한 기술』
  제목에서도 나타나는 것처럼 서툰 MBA(경영학 석사)보다 훨씬 유익하다. 고객을 사로잡는 것이 어떠해야 하는가를 가르쳐 준다.

- 파코 언더힐 『왜 이 가게에서 사게 되는 것일까? 쇼핑의 과학』
  소매업 컨설턴트가 실패한 사례를 이것저것 소개하는 것이 매우 재미있다. 고객의 소리를 듣는다는 것의 의미를 잘 알 수 있다.

- 이나가키 요시노부 『실학 입문 왜 팔리지 않는가?』
  최신 사례라고 할 수 있는 편의점 등에 대한 마케팅을 소개한다.

- 오쿠보 가즈히코 『고객으로 붐비는 음식점의 법칙』
  음식점에 대한 마케팅 사례. 흥미로운 사례로 가득하다.

파트너의 입장을 고려하라 : 비즈니스 모델에 관한 책

- 나쓰노 쓰요시 『모드 전략』
  i모드 비즈니스 모델의 설계자인 나쓰노 씨가 i모드의 성공은 비즈니스 모델의 변혁에 의한 것임을 열정적으로 설명한다.

- 아사쿠라 레이지 『구타라기 켄의 플레이스테이션 혁명』
  플레이스테이션의 성공은 단순히 하드웨어의 승리가 아니라 비즈니스 모델의 변혁에 의한 승리임을 알 수 있다. 그 외에도 마치 샘플 전시장과 같은 수많은 사례를 수록하고 있다.

● 호리 히로카즈 · 드림 인큐베이터 『지혜는 금이다』
일본 컨설턴트 업계 창시자 중의 한 사람이 비즈니스 모델의 작성법을 설명한다.

● 엘리아후 골드렛 『체인지 더 룰』
제약 이론을 이야기 형식으로 소개한다. 두툼한 책이지만 단숨에 읽을 수 있다.

● 아오키 유지 『오사카 금융도』
돈 냄새가 풀풀 날리는 것이 비즈니스의 원점이라고 가르치는 책. 필자가 컨설턴트로 활동할 때 처음으로 읽은 책이다.

자기 자신과 주변을 관찰하라 : 조직에 관한 책

● 가네이 요시히로 『조직 변혁의 비전』
학자 중에서는 가네이 씨의 책이 가장 재미있다. 새로운 조직론의 대두를 느끼게 된다.

● 오자사 요시히데 『모티베이션 매니지먼트』
오자사가 저술한 일련의 책들은 지식 사회의 조직 형태를 정확하게 제시해 주는 것으로서 흥미롭다.

● 다카하시 슌스케 『커리어 쇼크』
다카하시의 책도 재미있다. 행복한 커리어나 슬로우 커리어의 철학을 제시한다.

● P. F. 드러커 『프로페셔널의 조건』
고명한 미래 학자가 지식 사회의 전문가로서 어떻게 조직에 기여해야 하는가를 설명한다. 격조 높은 책으로 추천하고 싶다.

● 죠 시케유키 『내부에서 바라본 후지쓰 성과주의의 붕괴』
   인사부의 관료 통제를 그대로 둔 채 성과주의의 외양만을 쫓다가 실패한
   사례를 적나라하게 그리고 있다. (후지쓰의 관계자에게는 안 된 일이지
   만) 매우 재미있다.

● 니노미야 세이준 『승자의 조직 개혁』
   프로야구라는 일본적인 조직과 서구적인 축구 조직의 대비가 재미있다.
   또한 '승리한다' 라는 비전이 조직을 강하게 하는 것을 잘 알 수 있다.

조직의 개혁 사례 : 성공 사례와 실패 사례

● 가사이 노리유키 『미완의 국철 개혁 - 거대 조직의 붕괴와 재생』
   국철이라는 거대 조직이 직면하고 있던 무책임 체질과 기능 저하, 그리고
   그 변혁을 위한 여정을 그린 역작이다.

● 카를로스 곤 『르네상스』, 루이스. V. 거스너 『코끼리를 춤추게 하라』
   이 두 권은 침몰 직전에 직면했던 닛산과 IBM을 되살린 경영자 본인들이
   이야기하는 박력이 넘치는 책이다.

● 세이노 유미 『새라가 마을에 나타났다』
   나가노 현 오부세의 작은 술도가를 찾아온 미국인이 마을 전체를 바꾸어
   가는 감동의 스토리. 비영리 단체와 지역 사회의 변혁 과정을 그리고 있다.

● 나카니시 데루마사 『바야흐로 국가가 쓰러지려 한다 - 영국사에 비추어본 일
   본의 미래』
   대영 제국의 붕괴와 현재의 일본 상황을 비교해 본다. 설득력이 있다.

- 도부 료이치 외 『실패의 본질 - 일본군의 조직론적 연구』

  일본에서 가장 우수한 인재들이 얼마나 무책임하고 무능한 조직을 만들었는가를 훌륭하게 분석하고 있다. 지금의 관료 구조가 지닌 무책임한 체질은 그때부터 조금도 변하지 않은 듯이 보인다.

- 야마모토 시치헤이 『한 하급 장교가 본 제국 육군』, 야마모토 시치헤이 『일본은 왜 지는가 - 패인 21개조』

  무책임한 조직이 가져오는 무서움을 그 안에 몸담고 있던 사람의 입장에서 되돌아본다. 지금의 관료 조직은 국민을 대량 학살하지 않는 것만으로도 다행인가 하는 생각까지 들게 한다.

전략사고를 위한 책 : 요령을 활용하는 기술

- 오마에 겐이치 『생각의 기술』

  전략 사고를 처음으로 일본에 소개한 것은 세계적으로 저명한 컨설턴트인 오마에 겐이치 씨다. 그가 과거에 개발해 온 문제 해결법의 집대성이라고 할 수 있는 책이다.

- 야마모토 신지 『40세부터의 업무 기술』

  40대가 열심히 하지 않으면 일본 사회는 발전하지 않는다. 40대의 자기 계발을 알려준다.

- 가와세 마코토 『전략사고 컴플리트 북』

  필자가 스스로 말하기는 그렇지만, 전략 사고를 학습하는 데 있어서 부족함이 없다고 생각한다. 이 책과 함께 읽어서 문제 해결의 힘을 길러주었으면 한다.

마치는 글

가끔 예전에 근무했던 직장에서의 인연으로 비즈니스 연수를 위한 강사를 의뢰받는 경우가 있는데, 그곳에서 정리한 자료를 2002년에 『전략사고 컴플리트 북』(2004년, 일빛 출간)이란 이름으로 출판할 기회가 있었다. 이 책은 도구로서의 전략사고 사용법을 정성껏 철저하게 해설한 까닭인지 예상하지 못했던 평가를 얻을 수 있었다.

전략사고는 문제 해결의 기초가 되는 사고의 OS이다. 앞으로 지식형 조직에서 부가가치를 발휘하기 위해 꼭 익혀두기 바란다. 더불어 전략 사고를 어디에서 어떻게 사용하는가 하는 실전적인 요령을 익혀두면 당신은 조직에 없어서는 안 될 사람이 될 것이다.

"그렇다면 그 요령을 독자들에게 소개합시다"라고 고단샤(講談社)의 히로베 준 씨와 의기투합한 것까지는 좋았지만, 그 후 일에 쫓기다보니 반년 이상이나 소식을 전하지 못하는 상태가 되고 말았다. 계속 기다리게만 한 것에 대해 미안하게 생각했는데, 이제야 겨우 완성할 수 있어서 안심이 된다.

이 책을 완성하는 데 많은 분들이 협력해 주셨다. 특히 동료였던 오야마 쓰요시 씨에게는 의료용 기기에 관해 귀중한 조언을 받았다. 쓰보타의 사례는 실제 시장과 다른 부분도 있지만 그것에 대해서는 독자들의 넓은 이해를 바란다.

한편, 지금까지 고쓰보와 다이쓰보 실장의 대화를 적으면서 자신은 아직 고쓰보라는 생각을 많이 했다. 아무튼 필자 자신이 지금 근무하고 있는 벤처기업 안에서는 실수로 인해 질책을 받는 경우가 많다. 고쓰보처럼 배우고 있는 중이라고도 할 수 있다. 아무리 생각해도 이런 책을 쓰기에는 어울리지 않는다는 생각이 들지만 그것도 인생의 한 면일 것이다.

그리고 대수로운 일은 아니지만 공교롭게도 필자의 현주소가 '가나카와 현 즈시시 고쓰보'다. 그래서 고쓰보 주임에게 감정 이입을 하고 싶은 것인지 모르겠다. 덧붙여 즈시시 고쓰보는 관광지다. 거대한 요트가 즐비한 즈시 마리나와 바다가 보이는 히로산 공원이나 고급 주택지가 있는 한편, 조용한 항구나 어둑한 (통칭) 도깨비 터널에도 사람들이 모여든다. 만약 독자 여러분이 직접 방문할 기회가 있다면 고쓰보와 다이쓰보 실장, 그리고 여기서 소개한 36가지의 포인트를 떠올려 주었으면 싶다.

가와세 마코토

도서관에서 책을 빌려보면 모든 책에 분류 기호표가 붙어 있는 것을 볼 수 있다. 그런데 하드커버로 제본된 책은 하나같이 겉표지가 벗겨진 상태에서 분류 기호가 붙어 있다. 왜 그럴까? 딱딱한 커버를 싸고 있는 겉표지는 고정되어 있지 않아서 그것을 벗겨버리면 붙여놓은 기호표도 함께 사라져 버리기 때문이다. 분류를 위해 붙여놓은 딱지가 사라져 버리면 그 책은 자기가 꽂혀 있던 서가로 돌아가지 못하고 미아가 되어 버릴 것이다. 분류 기호표를 붙이는 일의 본질은 책을 기준에 따라 분류하고 정리하는 데 있다. 도서관의 사서들은 이러한 사실을 잘 알고 있기 때문에 겉표지를 떼어내고 기호표를 붙이는 것이다.

그런데 역자는 어느 회사의 자료실에서 이런 상식과는 동떨어진 경우를 봤다. 출판사에서 책을 출간할 때는 대부분 띠지를 만들어서 책의 하단에 두르고 판매하는 것이 보통인데, 분류 기호표가 바로 그 띠지에 붙어 있었던 것이다. 띠지만 떼어내면 그 책은 곧 미아가 되고 말 것이다. 그 책은 하드커버로 된 것도 아니었다. 사서에게 물어봤더니 전임자가 대학의 도서관학과를 갓 졸업한 계약직 사원이었는데 실무적으로 교육을 받은 적이 없어서 그랬다는 것이었다. 그 계약직 사서는 새 책이 들어오면 분류 기호표를 붙여서 보관해야 한다는 것은 알았지만 그 일이 어떤 의도와 목적으로 이루어지는가에 대한 인식은 부족했던 것이다. 학교에서의 이론 교육만으로는 실제 업무 현장에서 일어나는 실질적인 문제에 대처하기에 부족하다는 것을 보여주는 사례라 할 수 있다.

비즈니스의 경우도 마찬가지다. 기업체에 속해 있는 직장인들의 업무는 끊임없는 문제 해결의 반복이라고 할 수 있는데, 이를 위해서는 그 사업의 기본적인 의도와 목적과 흐름을 알아야 한다. 회계 부서에 근무하는 사람의 경우, 전체적인 사업의 흐름 속에서 자신의 역할을 알지 못하고 막연히 주어진 일만 처리한다면 따분한 숫자와의 싸움에 지겨워 도망치고 싶어질 것이다. 고객 응대 부서의 직원도 마찬가지로 전체 사업 속에서 자신이 하는 일의 의미를 아는 사람과 그렇지 못한 사람과의 사이에는 업무 성과에서 큰 차이가 생길 수밖에 없다.

경영학 교과서에서 가르치는 이론은 실제 업무 수행을 위한 기본적인 소양을 쌓는 데에는 유효하나, 실천적 업무 수행 방법은 가르쳐 주지 않는다. 저자는 이 점에 중점을 두어 이론보다는 사업의 창출과 운영에 대해 매우 실천적으로 접근하고 있다.

이 책은 비즈니스의 전체 윤곽을 보여주면서 어떤 부분이 급소인가를 가르쳐준다. 전체적인 비즈니스의 틀에 대해 시장에서의 경쟁, 고객(마케팅), 비즈니스 파트너 그리고 내부 조직 등 4가지의 핵심 키워드를 바탕으로 알기 쉽게 설명하고, 각각의 키워드별로 경영상 부딪치는 문제 해결의 급소들을 제시하고 있는 것이다.

저자는 전작(前作)인 『전략사고 컴플리트 북』(일빛)에서 문제 해결을 위한 두뇌 회전의 OS(Operating System)가 바로 전략사고라는 것을 말하면서, 우뇌의 창조력과 좌뇌의 논리력을 조화시킴으로써 최적의 해결책을 찾는 방법을 제시한 바 있다. 전작에서의 전략사고가 문제 발생의 원인을 발견하고 해결책을 찾기 위한 구체적인 스킬 위주였다면, 이 책은 사업의 전반적인 관점에서 접근하는 전략사고를 다루고 있다.

실패한 기획서에서 많이 볼 수 있는 것이 전체적인 관점을 무시하고 자기 부서 혹은 자기 업무와 관련된 분야에만 국한하여 사물을 판단하는 경우이다. 기획서를 평가하는 사람은 회사 전체를 관장하는 경영진이다. 회사에서 기획을 담당하는 사람이나 무언가 새로운 비즈니스를 생각하는 사람들에게 이 책이 읽을 만한 가치가 있는 이유다. 신입사원들에게도 이 책은 유용하다. 기업에서 하는 일이 무엇인지, 사업의 성장을 위해서 해야 하는 것은 어떤 것인지, 그 속에서 내가 하는 일은 어떤 가치를 창출하는 것인가를 알게 해 주기 때문이다.

어느 회사 기획실의 실장과 주임의 대화를 바탕으로 스토리텔링 형식으로 전개되는 경영상의 문제 제기는 우리가 기업에서 흔히 겪는 문제들을 매우 사실적이고 현실적으로 그리고 있다. 그 문제를 해결하기 위한 급소와 방법을 강의식으로 풀어 가는 구성도 편하다. 그냥 쉽게 따라 읽어 가다보면 어느새 비즈니스의 전체적인 모습을 머릿속에 그릴 수 있게 해 준다. 유명 컨설팅 회사 출신으로서 수많은 강의를 통하여 단련된 저자의 지식 전달 노하우가 아주 자연스럽게 배어나고 있는 것이다. 이것이 이 책이 가진 또 하나의 장점이다.

이 책을 통해서 비즈니스의 포인트를 익힘으로써 저자가 주장하는 것처럼 회사의 부가가치를 높이는 유능한 비즈니스 맨(우먼)으로 거듭날 수 있게 되기를 기대해 본다.

2005년 8월
현창혁